Emma Cutri und Ruby Kannav

EIN TRAUM AUS WACHS

Faszinierende Kerzenkunst
selber machen

TEIL 1

Die ersten Schritte 10

TEIL 2

Projekte 30

TEIL 3

Jetzt ist Styling angesagt 124

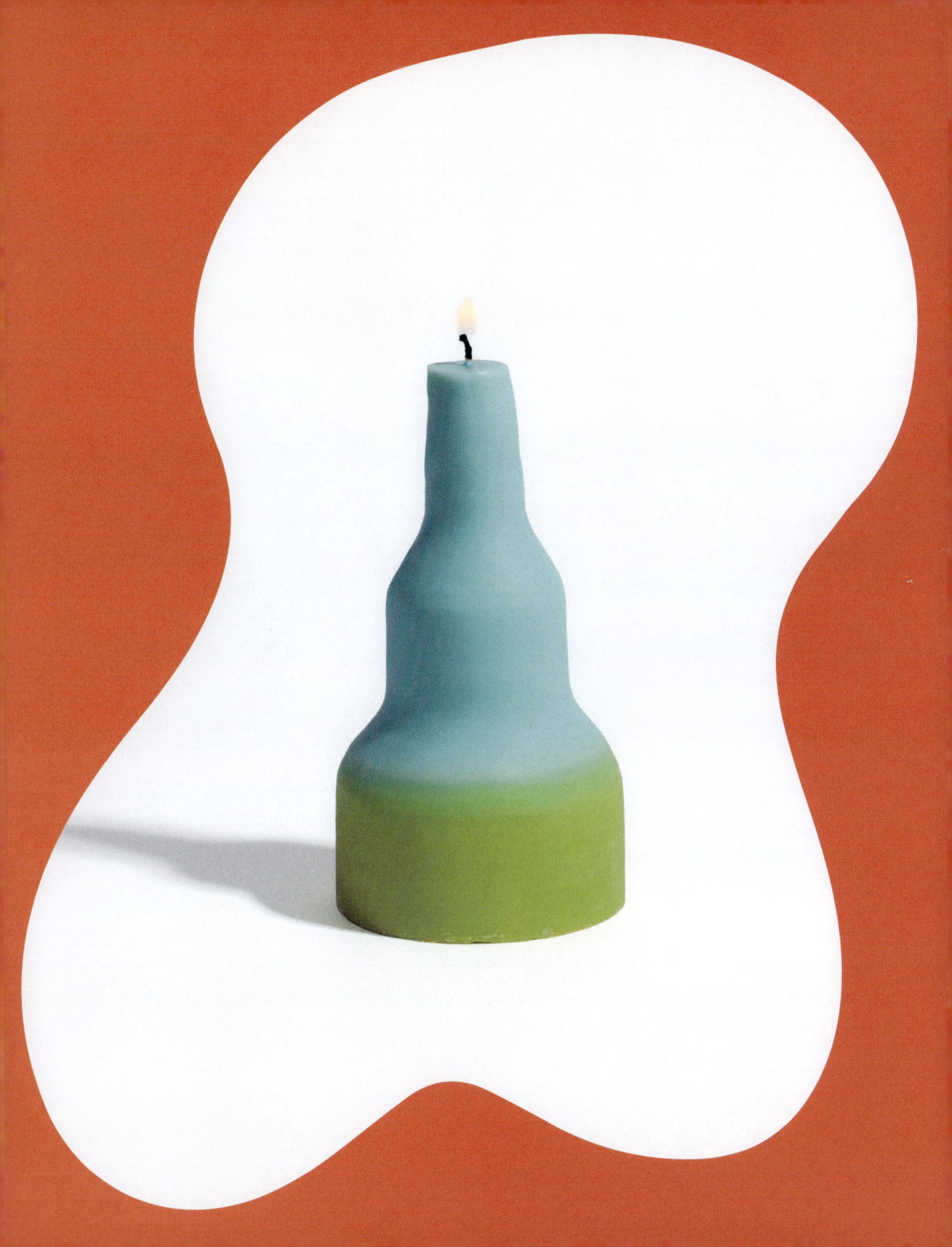

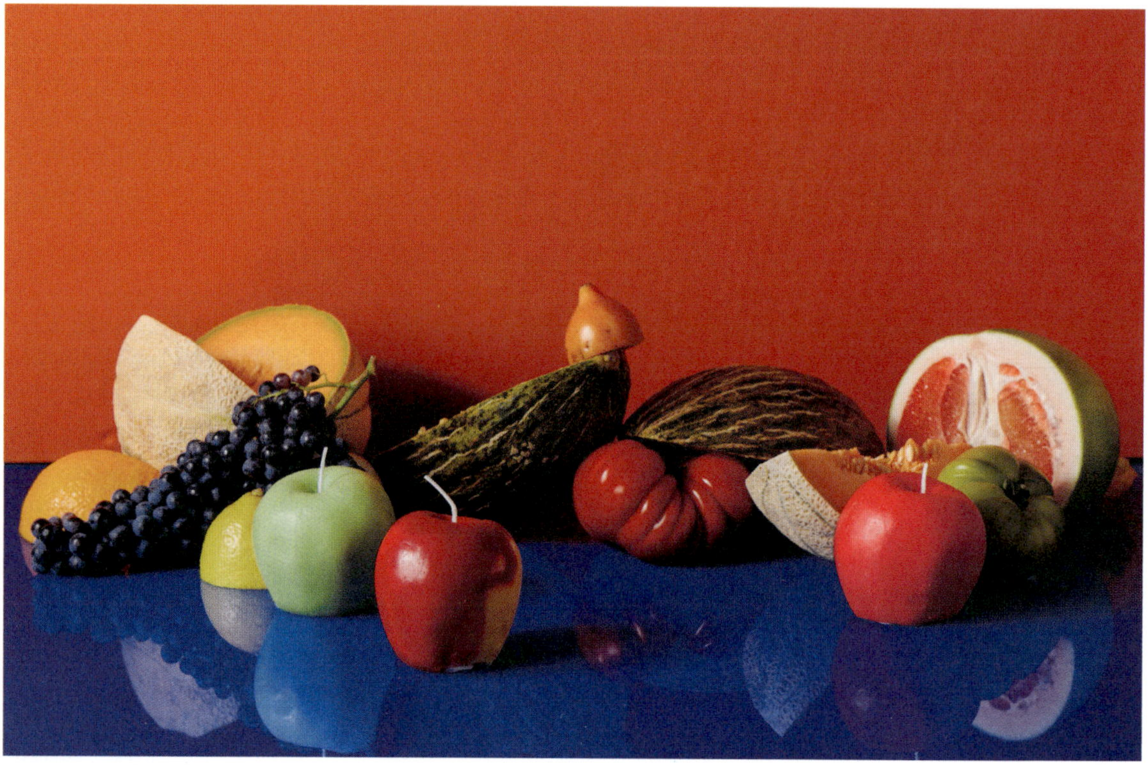

Eine Kerze verwandelt jedes Ambiente. Sie spricht die Sinne an durch ihr Äußeres und durch ihren Duft. Sie kann munter machen, zur Entspannung beitragen, eine gute Grundstimmung erzeugen und für gute Laune sorgen. Kerzen setzen einen Esstisch ins richtige Licht, aber auch ein Picknick oder besondere Feierlichkeiten. Im Kreis von Freunden und Verwandten können sie Erinnerungen hervorrufen oder Spannungsmomente erzeugen, beispielsweise beim Ausblasen von Kerzen auf einem Kuchen. Kerzen sind gleichbedeutend mit Festen, gutem Essen, kirchlichen Feiern, Beisammensein mit lieben Menschen, Gedenken an Verstorbene. Es liegt eine fast magische Anziehungskraft darin, wie eine Kerze beim Abbrennen Menschen enger zusammenbringt.

Kerzen zu machen ist für uns viel mehr als nur unser Job. Es bringt uns Freude und ist ein heilsamer Zeitvertreib. Wir lieben das Experimentieren, das Mischen von Farben und dann irgendwann zu sehen, was am Ende dabei herausgekommen ist. Selbst Kerzen zu gestalten ist eine wunderbare Möglichkeit, die eigene Kreativität zu entdecken. Nach wie vor kaufen wir auch gern schöne Kerzen von anderen Herstellern, aber in der Lage zu sein, sie selbst herzustellen, macht einfach Spaß und ist ein gutes Gefühl, insbesondere, wenn man sie so schnell niederbrennt, wie wir es tun.

Als Kerzenfans und -herstellerinnen fanden wir es großartig, tolle Tipps in Büchern über Kerzenherstellung aus den 90ern zu finden, die wir verborgen unter Spinnweben in Secondhandläden aufgestöbert haben. Uns ist dabei schnell klar geworden, dass es nicht viele Quellen zu wirklich interessanten, modernen und dekorativen Kerzen gibt. Wenn du genauso gern Kerzen anzündest, wie wir das tun, dann ist dies das Buch, auf das du gewartet hast! Wir möchten dir zeigen, wie du Kerzen machen kannst, die dir wirklich gefallen (nicht wie die engelsförmigen, die man auf der Weihnachtsfeier beim Wichteln bekommt).

Keine Sorge, Kerzen zu machen ist nicht so kompliziert, wie man meinen könnte. Und wir versprechen, gute Lehrerinnen zu sein. In der Tat ist Emma Lehrerin und Ruby könnte es auch sein, weil sie Emma so vieles beibringt!

Dieses Buch ist ein Schritt-für-Schritt-Leitfaden mit leicht verständlichen Anweisungen und ansprechenden Fotos, die dich auf deiner Kerzen-Reise unterstützen und inspirieren werden. Du wirst staunen, wie viele Formen man gießen und wie viele Farben man kreieren kann.

Der Schlüssel zur Herstellung dekorativer Kerzen ist das Experimentieren. Die Vorschläge in diesem Buch sind lediglich eine Starthilfe und können ganz nach Belieben abgewandelt werden. Einer der Gründe, warum wir Wachs als Medium so mögen, ist, dass man es einfach wieder schmelzen und neu anfangen kann, wenn etwas nicht gleich gelingt. Dadurch ist die Herstellung von Kerzen nicht nur ein kostengünstiges Handwerk, sondern auch ein nachhaltiges, da kaum Abfall anfällt.

Durch das Erlernen der alten Kunst der Kerzenherstellung – mit modernem Touch – wirst du Kerzen mit noch mehr Freude und Begeisterung betrachten. Es ruft ein besonderes Gefühl von Verbundenheit und Stolz hervor, diese Kerzen zu verschenken oder sie im Haus aufzustellen. Und egal wie die Kerzen werden – krumm, gerade oder sonst etwas – es geht um das Machen. Wenn du Spaß daran hattest, mithilfe einer Idee aus diesem Buch etwas Neues auszuprobieren, dann haben wir unser Ziel erreicht. Wir können es kaum erwarten, dass du loslegst!

Flammendes Duo

RUBY UND EMMA

Wir sind seit über zehn Jahren gute Freundinnen – manche bezeichnen uns gar als Zwillingsseelen. Kennengelernt haben wir uns auf einem Musikfestival und unsere Freundschaft beruht zu einem großen Teil auf unserer gemeinsamen Liebe zu allem, was mit Kreativität zu tun hat. Emma hat Mode studiert und betreibt ein eigenes Modelabel; Ruby hat Kunst studiert und hat ein eigenes Schmucklabel.

Wir teilen uns ein Studio und darüber hinaus auch ein Zuhause – ein großer kalifornischer Bungalow in Melbourne, wo wir mit unseren beiden Pudeln Bilbo und Beanie leben.

Unser Haus ist voll mit schönen Kandelabern und Kerzenhaltern, die meisten aus Secondhand- oder Vintage-Shops in der Umgebung. Wir haben eine große Sammlung an Kerzen, die wir von Reisen nach Mexiko, Indien, Italien, Griechenland und in die USA mitgebracht haben, und die in unseren Regalen einen Ehrenplatz bekommen. Wir lieben es, unser Heim mit Kerzen zu schmücken, mit selbst gemachten und mit solchen, die andere gemacht haben, denn wir mögen einen bunten Mix in unserem Haus.

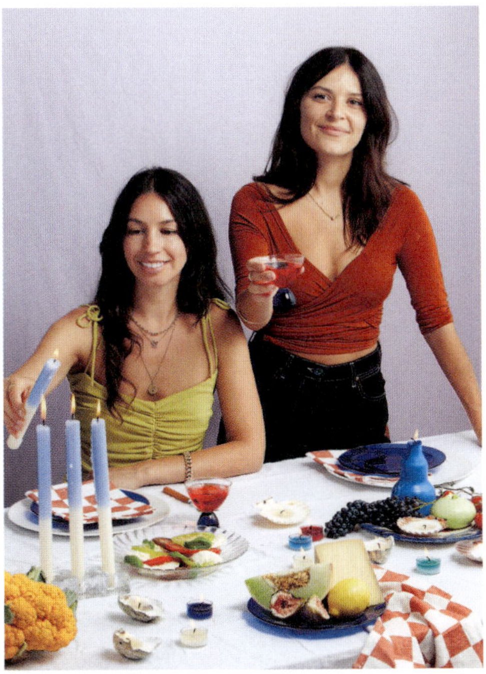

Wir gehen gemeinsam kreativen Tätigkeiten nach, darunter der Malerei von Stillleben, der Herstellung von Mosaiken und dem Töpfern (Emma ist geschickt an der Töpferscheibe, Ruby bemalt die gebrannten Dinge). Während des Corona-Lockdowns im Jahr 2020 war die Herstellung von Kerzen eines der vielen Dinge, in die wir eingetaucht sind. Die Begeisterung dafür ist seitdem nur gewachsen. Wir hatten so viel Freude daran, dass wir das Hobby auch anderen vermitteln wollten. Emma brachte ihre Styling- und Businesskenntnisse mit ein, Ruby ihren künstlerischen und bildhauerischen Background. Wir experimentierten und überlegten, und dann war unser erstes Co-Venture geboren, Blazed Wax.

Unsere Liebe zu Kerzen geht weit über das Gestalten hinaus. Wir sind Australierinnen, stammen aber beide aus europäischen Familien. Gemeinsam am Tisch zu sitzen und sich stolz an der Tischdekoration zu erfreuen, ist Teil unserer Kultur. Wir sind beide in kleinen Städten auf dem Land groß geworden, wo es häufig zu Stromausfällen kam. Das Aufregendste daran war, sich um eine Kerze herum zu scharen und auf jemanden zu warten, der den Generator wieder einschaltet.

Wir lieben es, für Freunde zu kochen und dazu den Tisch mit einer Fülle von Kerzen und Blumen zu schmücken. So wird jede Mahlzeit zu etwas Besonderem, angestrahlt von flackerndem Licht. Das Ritual, gemeinsam mit denen, die wir lieben, an einem schön gedeckten Tisch zu essen, war der Grundstein unserer Freundschaft.

Was wir an der gemeinsamen Arbeit bei der Herstellung unserer Kerzen so besonders schätzen, ist die Verschmelzung unserer Ideen und Talente: Wir lernen voneinander und inspirieren uns gegenseitig. Diese Zusammenarbeit ist die Säule unseres Joint-Venture.

Die verschiedenen Kerzenarten

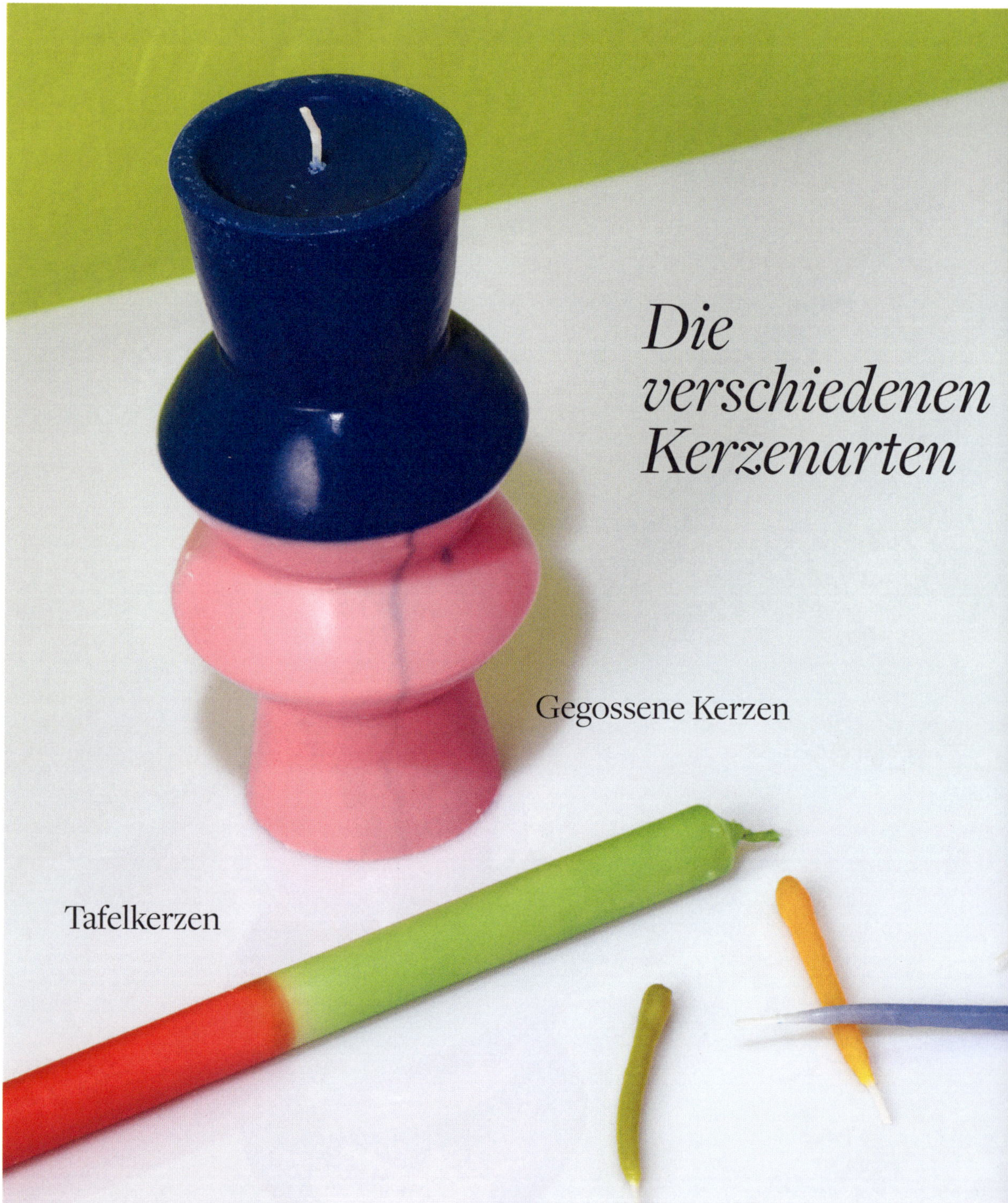

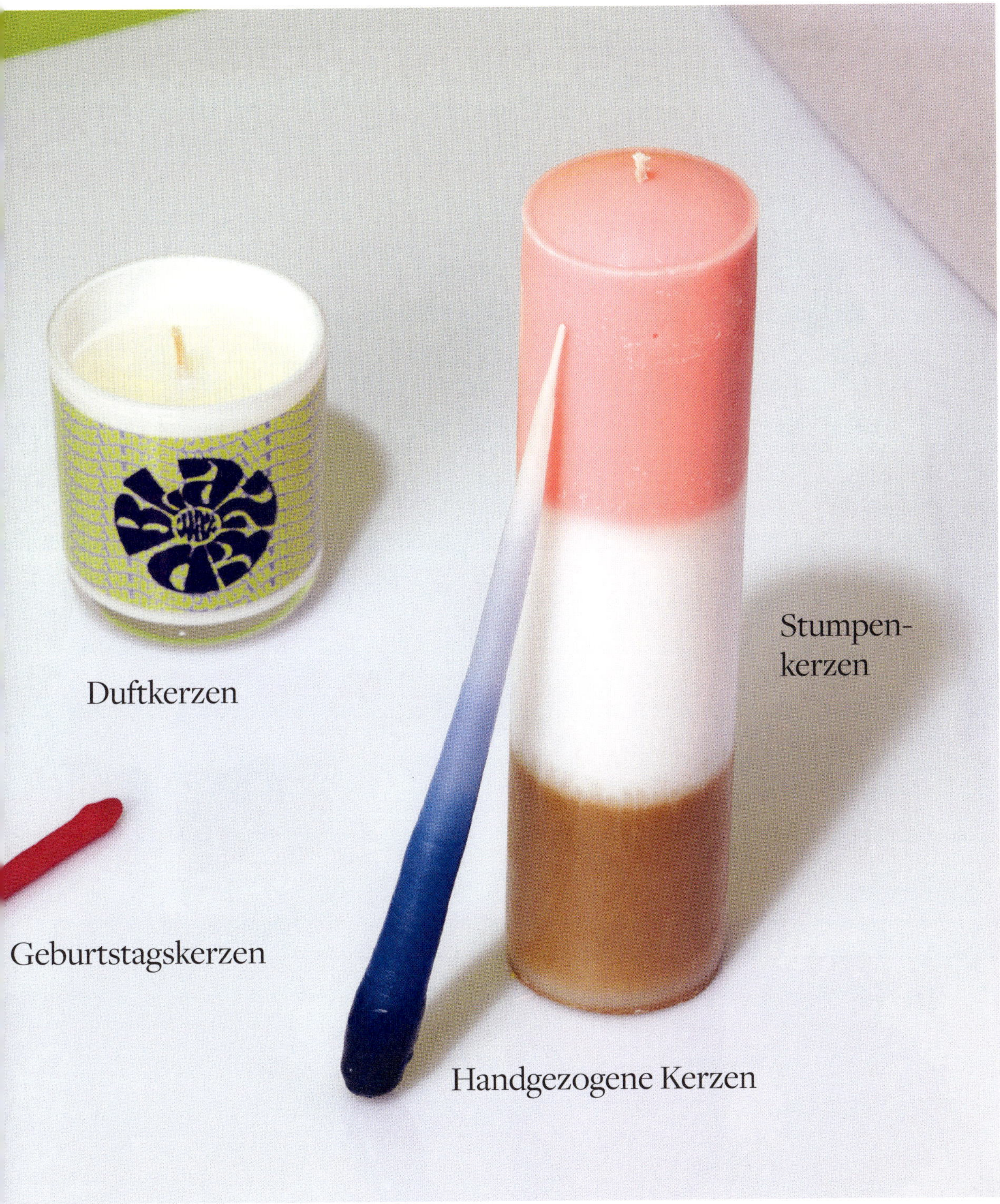
Duftkerzen
Stumpen-
kerzen
Geburtstagskerzen
Handgezogene Kerzen

TEIL 1

Die ersten Schritte

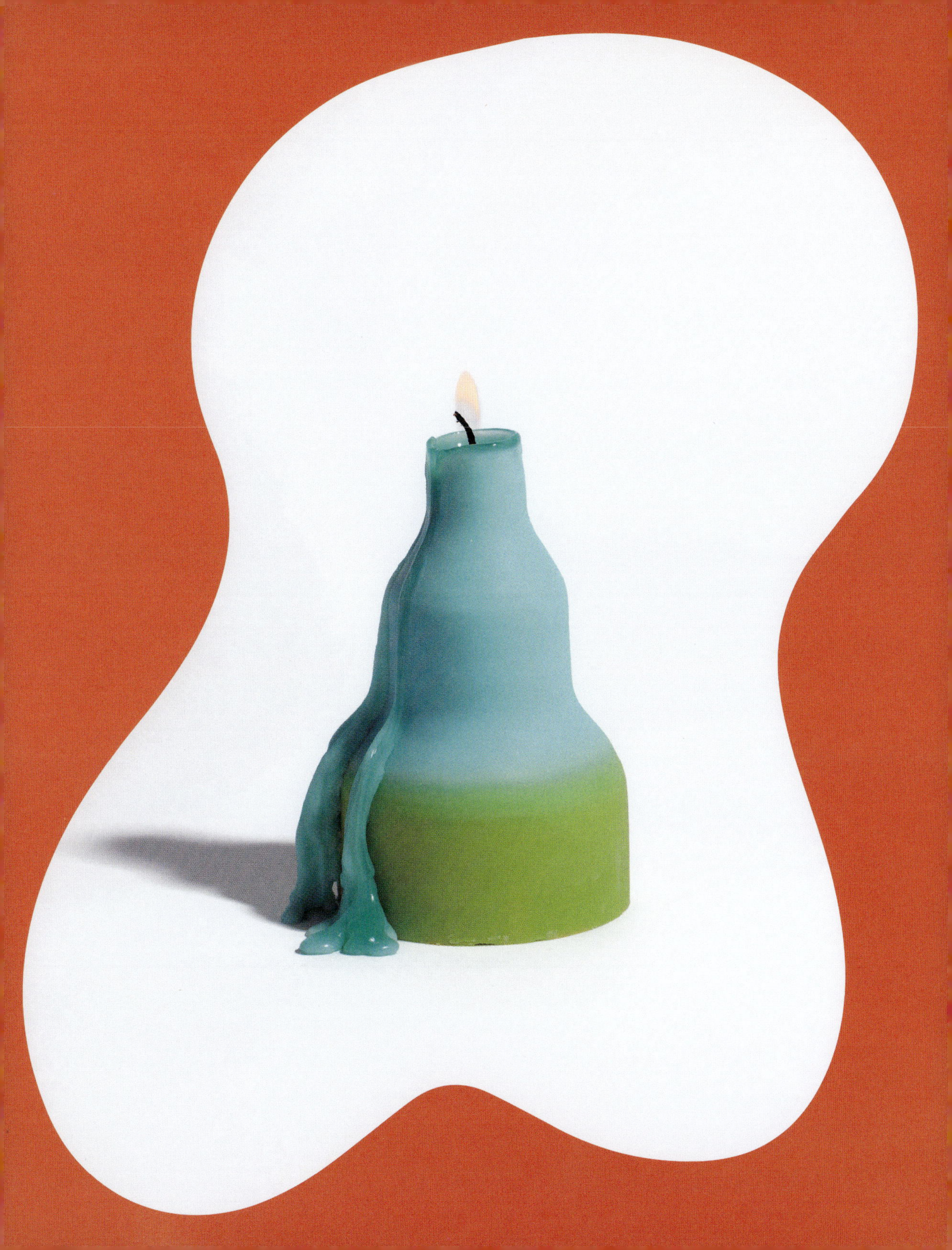

Sicherheit geht vor

Es mag selbstverständlich klingen, aber Sicherheit ist im Umgang mit Kerzen ein Muss, insbesondere wenn man mit heißem Wachs arbeitet ... sehr heißem Wachs!

Sorge für einen sicheren Arbeitsplatz, um gefahrlos mit einer Hitzequelle zu arbeiten.
Wir arbeiten mit einem tragbaren Butangasbrenner, wie man ihn in der Campingabteilung findet, du kannst aber auch die Herdplatte in der Küche nutzen. Ein Feuerlöscher sollten parat stehen. Wichtig sind zudem eine aufgeräumte, ebene Arbeitsfläche, Zugang zu Wasser und eine gute Belüftung.

Nimm dir etwas Zeit zur Vorbereitung des Arbeitsplatzes.
Wachs kann leicht zu einer wahren Sauerei führen. Wir legen den Arbeitsplatz und den Boden mit alter Pappe oder alten Zeitungen aus, dann ist der Bereich schnell wieder sauber, wenn sich zu viel Wachs verteilt. Die Herstellung von Kerzen erfordert Geduld (Wachs braucht manchmal Stunden zum Durchhärten), daher sollte man alles in Ruhe angehen, auch die Vorbereitung.

Am besten ziehst du eine Schürze oder einen Malerkittel an sowie geschlossene Schuhe.
Letztlich wird es sich kaum vermeiden lassen, Wachs auf die Kleidung zu bekommen, und es ist eine Quälerei, es wieder zu entfernen. Flecken lassen sich am besten mit kochendem Wasser entfernen. Das Wasser aber bitte draußen weggießen, nicht ins Waschbecken. Sojawachs ist biologisch abbaubar und schadet daher dem Garten nicht.

Erhitzendes Wachs NIEMALS aus den Augen lassen, es könnte sich entzünden.
Wenn das Wachs anfängt zu blubbern oder zu rauchen, sofort ausstellen und abkühlen lassen. Sinnvoll ist beim Schmelzen und Gießen von Wachs die Verwendung eines digitalen Thermometers, um Feuer, Verbrennungen und Schäden an Werkzeug oder Haus zu vermeiden. Einmal hatten wir viel zu heißes Wachs in eine Kunststoffkanne umgefüllt, die dadurch ein Loch bekam. Zum Glück wurde niemand verletzt, aber abgesehen von Verletzungen kann zu heißes Wachs unschöne Blasen in den Kerzen bilden. Mehr Info zum sicheren Umgang mit Wachs auf den Seiten 20 und 21.

Wachs niemals in den Abfluss gießen!
Wachs wird beim Erkalten fest und kann daher den Abfluss verstopfen. Einfach abwarten, bis es fest ist und dann in den Mülleimer werfen.

FLAMMENDE TIPPS

Niemals eine brennende Kerze unbeaufsichtigt lassen!
Brennende Kerzen sollten für Kinder und Tiere immer unerreichbar sein, und weit genug entfernt von allen brennbaren Dingen (z. B. Vorhänge) und zugigen Orten (z. B. offenes Fenster oder Heizungsnähe).

Eine Kerze nie länger als drei Stunden am Stück brennen lassen.

Kerzen nur auf einer hitzefesten Unterlage abbrennen – sie können sehr heiß werden und Wachs kann verlaufen und Möbel schädigen.

Für eine sichere Flamme den Docht auf etwa 7 mm kürzen.

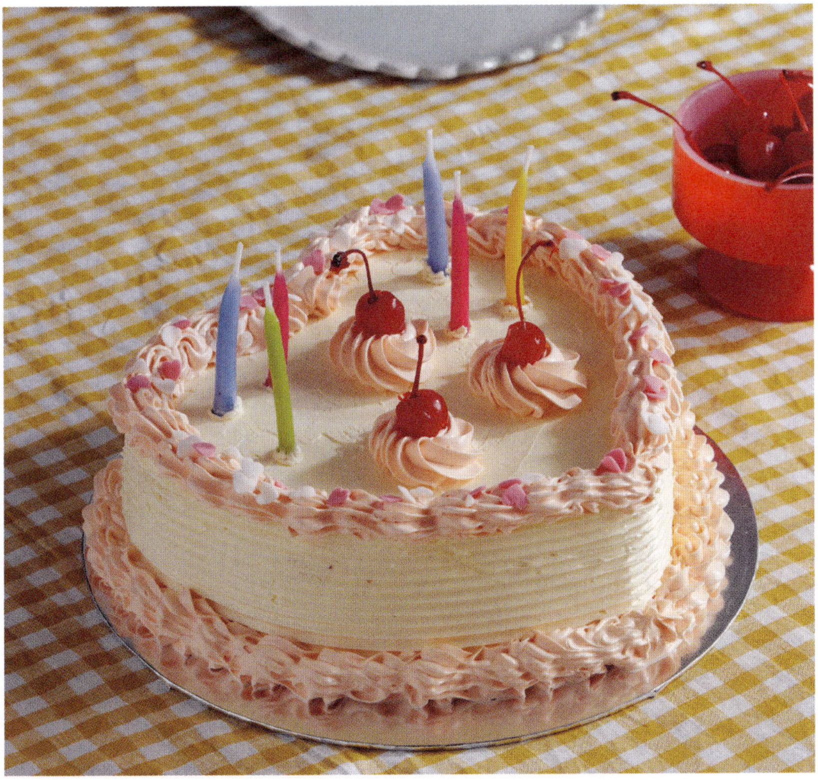

Erforderliche Materialien

Dieses Kapitel gibt einen Überblick darüber, was du brauchst, um mit der Herstellung von Kerzen zu beginnen. Kerzen können, wenn man es richtig angeht, ein nachhaltiges und preisgünstiges Hobby sein. Wie bei allem sollte man auch hier die Umwelt im Blick haben. Wir sind uns bewusst, dass Hobbys kommen und gehen (ganz zu schweigen von den Anschaffungskosten, die in die Höhe schnellen können), warum also all den Kram kaufen, wenn doch das meiste irgendwo im Haushalt aufzutreiben ist?
Für alles andere, etwa Wachs und Dochte, gibt es Geschäfte, die alles Nötige im Angebot haben. Wir kaufen viele Dinge online, aber manchmal ist es hilfreich, Dinge im Laden sehen, anfassen und riechen zu können und sich professionellen Rat zu holen.

BEHÄLTER ÜBER BEHÄLTER

Schaust du auch in den Schrank und findest Tausende von unnützen Boxen und Gläsern, die du über die Jahre von irgendwoher mitgenommen hast, und fragst dich, wozu? Jetzt weißt du es! Hurra!
Wir nutzen alle die alten Behälter, um unsere Hartwachsfarbe, Dochte und Werkzeugen aufzubewahren. Wer zu Hause nicht fündig wird, schaut sich einfach in Gebrauchtwaren- oder Secondhandläden um.

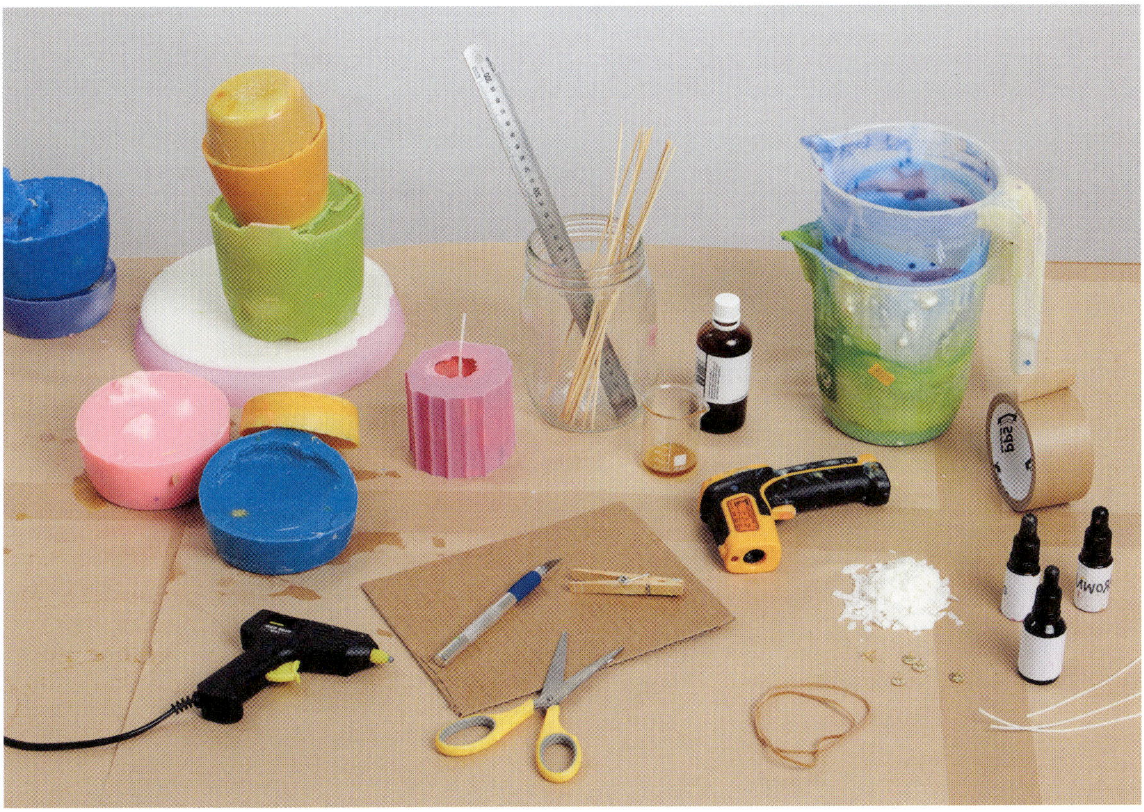

Wachs

Wachs ist der Hauptbestandteil von Kerzen. Wir machen beim Wachs keine genauen Mengenangaben, denn diese hängen ab von der Größe der Form oder davon, wie hoch oder wie dick die handgezogene Kerze werden soll. Eine Faustregel ist, die Gießform beziehungsweise das Gefäß zweimal mit Wachsgranulat zu füllen. Dies entspricht in etwa der zu schmelzenden Menge. Es macht aber nichts, wenn man mehr Wachs als nötig schmelzt. Einfach fest werden lassen und beim nächsten Mal verwenden.

Es gibt verschiedene Wachsarten, die jeweils zu unterschiedlichen Ergebnissen führen. Darüber hinaus gibt es unzählige Marken von Wachs, hergestellt aus verschiedenen Inhaltsstoffen und mit unterschiedlicher Zusammensetzung, daher sollte man sich vorab etwas genauer über die Marke, die man verwenden möchte, informieren. Bei den Grundlagen jedoch können wir helfen.

Mit **Sojawachs** arbeiten wir am liebsten, denn es ist biologisch abbaubar und ungiftig. Solange es naturrein ist und nicht gemischt mit bedenklichen Wachsarten wie Paraffin, ist es vollständig kompostierbar. Beim Festwerden nimmt es einen milchigen Farbton an und eignet sich daher gut zum Einfärben. Sojawachs ist vor allem für die Verwendung in einem Kerzenglas geeignet, wo es flüssig bleibt und länger brennt. Wegen des niedrigen Schmelzpunkts ist es dagegen nicht für Stumpenkerzen geeignet. Außerdem verdunstet es nicht, weshalb es leicht tropft und sich verformt. Frei stehende Sojawachs-Kerzen sollten nur auf geeigneten Oberflächen abbrennen, denen geschmolzenes Wachs nichts anhaben kann. Sparfüchse können das überschüssige Wachs wieder einschmelzen und weiter verwerten. Da schon kleinste Rußstückchen in der neuen Kerze zu sehen wären, sollte man nur sauberes altes Wachs verwenden.

Sollen Kerzen gegossen werden, empfehlen wir ein Sojawachs speziell für Stumpenkerzen, das darauf ausgelegt ist, sich zusammenzuziehen, und sich gut aus der Form nehmen lässt, anders als normales Sojawachs, das zu weich wird. Halte Ausschau nach Wachs, das besser aushärtet, am besten ein gemischtes Wachs (siehe unten). Lass dich beim Händler dazu genauer beraten.

SOJA-MISCHWACHS besteht meist aus Sojawachs und Paraffin sowie anderen Zusatzstoffen, damit es sich auf eine bestimmte Weise verhält. Sojawachs kann auch mit Palmwachs, Kokoswachs oder Bienenwachs gemischt werden. Mischwachs ist möglicherweise nicht kompostierbar oder biologisch abbaubar, dies muss man bei der

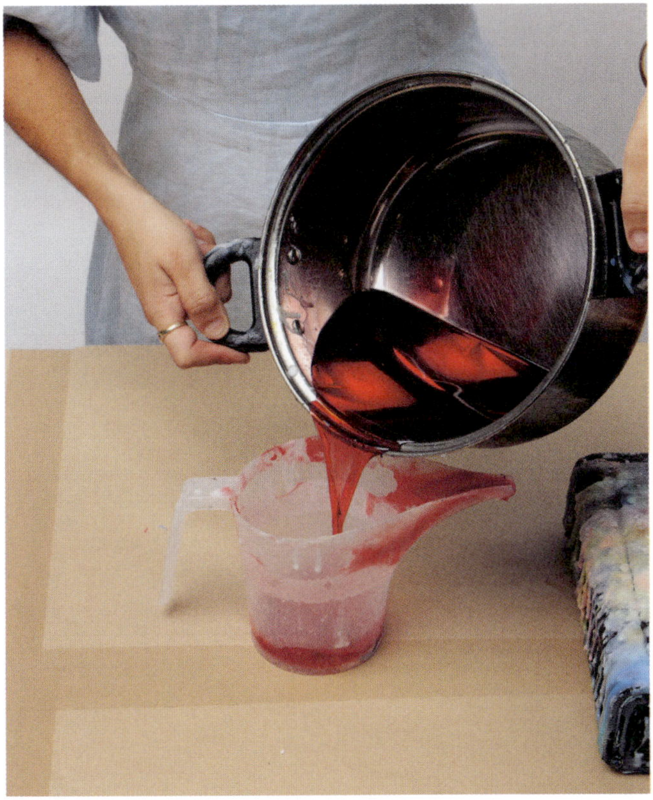

WACHS LAGERN

Wachs sollte an einem kühlen, dunklen Ort aufbewahrt werden, damit es seine Eigenschaften nicht einbüßt und Schaden nimmt. Daher vor direktem Sonnenlicht geschützt bei einer Temperatur unter 27 °C lagern. Außerdem sollte es gut verschlossen aufbewahrt werden, denn kommt Staub in das Wachs, gelangt er auch in die Kerzen. Bei farbigem Wachs sollte für jede Farbe ein extra Behälter vorgesehen werden, um Überraschungen mit unerwünschten Farben in der fertigen Kerze vorzubeugen.

DIE SACHE MIT DEM PALMWACHS

Palmwachs hat einen hohen Schmelzpunkt und ist recht kostengünstig, trägt jedoch zur Entwaldung in Indonesien und Malaysia bei und schädigt so die Umwelt. Aus diesem Grund verwenden wir kein Palmwachs und empfehlen es nicht.

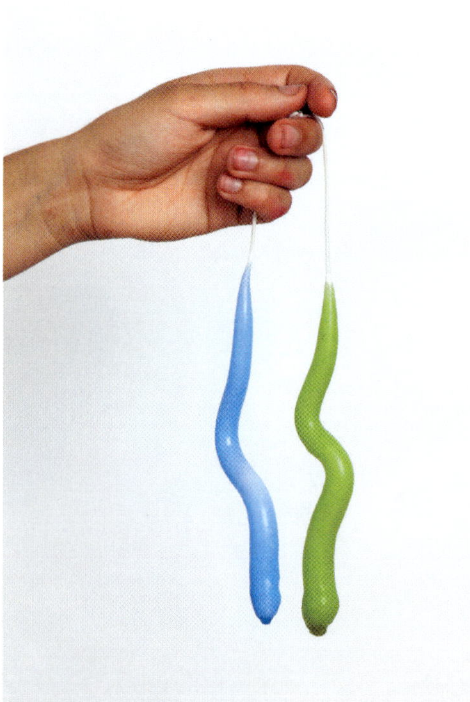

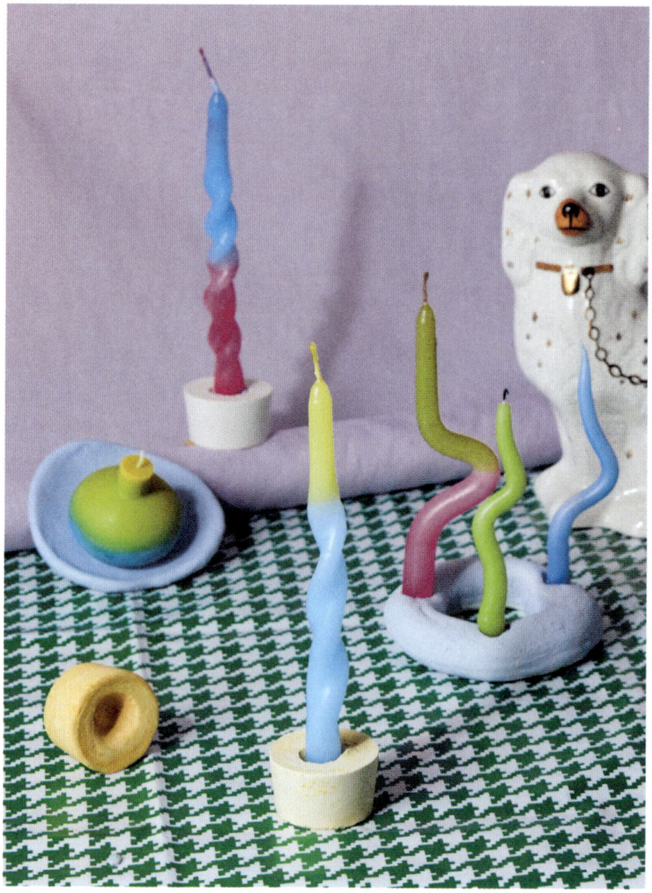

Entsorgung von Kerzenresten bedenken. Wenn man Kerzen in Silikonformen gießen möchte, lohnt es sich, Soja-Mischwachs zu nehmen, da Sojawachs allein die Form nicht gut hält.

PARAFFIN ist ein idealer Werkstoff für Stumpen- oder gegossene Kerzen. Allerdings ist es ein Erdölprodukt und setzt bei der Verbrennung giftige Chemikalien frei. Paraffin ist nicht kompostierbar und Kerzenreste gehören in den Restmüll. Zwar wird nicht viel für den Müll übrigbleiben, da der Großteil der Kerze verdampft, bedenken sollte man aber, dass die toxischen Dämpfe von dir und deiner Familie eingeatmet werden könnten.
Paraffin wird beim Erkalten leicht transparent, ein schöner Effekt, der die Kerze ganz anders aussehen lässt als mit Sojawachs.

BIENENWACHS ist ein absolut natürliches, von Bienen hergestelltes Produkt. Duft und Farbe erinnern an Honig und beim Verbrennen strahlt es eine schöne Wärme aus.
Bienenwachs ist sehr dicht und hat einen höheren Schmelzpunkt als andere Wachse, das heißt, es verbrennt langsamer und tropft weniger. Bienenwachs ist eine gute Basis für eine Duftkerze – ob pur oder mit ätherischen Ölen verfeinert ist es eine wunderbare Alternative zu künstlich aromatisierten Kerzen. Und das Beste ist, Bienenwachs wirkt als Luftreiniger! Es setzt nämlich beim Verbrennen negative Ionen frei, die ihrerseits positive Ionen in der Luft binden (etwa Staub, Schimmel, Giftstoffe), wodurch diese sozusagen ausradiert werden. Die Luft wird praktisch reiner. Eine tolle Sache, oder!?

KOKOSWACHS ist ungiftig, biologisch abbaubar und nachhaltig, da es in einem vollständig natürlichen Verfahren entsteht. Kokosnuss wächst schnell nach und bringt im Verhältnis zur Fläche hohe Erträge. Kerzen aus Kokoswachs verbrennen sauber und duften wunderbar.
Kokoswachs verbrennt langsamer als andere Wachse, weshalb die Kerzen eine sehr viel längere Brenndauer haben. Es lässt sich sehr gut mit Ölen mischen und brennt am besten in einem Glas.

GEFÄRBTE WACHSPLATTEN sind flach gewalzte Stücke Wachs, die zum Gestalten und Dekorieren von Kerzen verwendet werden können. Man bekommt sie sowohl aus Paraffin als auch aus Bienenwachs.

Digitales Thermometer

Riskiere keinen Brand und sorge dafür, dass ein digitales Thermometer auf deiner Einkaufsliste für dein neues Hobby ganz weit oben steht. Da es auch in der Küche praktisch ist, lohnt sich der Kauf in jedem Fall.

Kaum zu glauben, aber die Gießtemperatur kann über Erfolg oder Misserfolg deiner Kerzenkreation entscheiden. Vertrau uns, wir wissen es. Wer schnell sein will, muss langsam gehen. Sich die Zeit zu nehmen, die Wachstemperatur zu prüfen, wird deiner Kerze langfristig das Leben retten.

Bei zu heißem Wachs bilden sich, abgesehen von damit verbundenen Gefahren, Blasen in der Kerze, die auch an der Oberfläche zu sehen sein werden. Abgesehen davon ist es aber auch gefährlich, denn das heiße Wachs könnte spritzen oder das Gießgefäß zerstören.

Ist das Wachs dagegen nicht heiß genug, ist es von Linien durchzogen.

Denke daran: Lasse heißes Wachs niemals unbeobachtet und sorge IMMER dafür, dass die Temperatur vom Wachs im empfohlenen Bereich liegt, bevor du es in ein Kunststoffgefäß gießt.

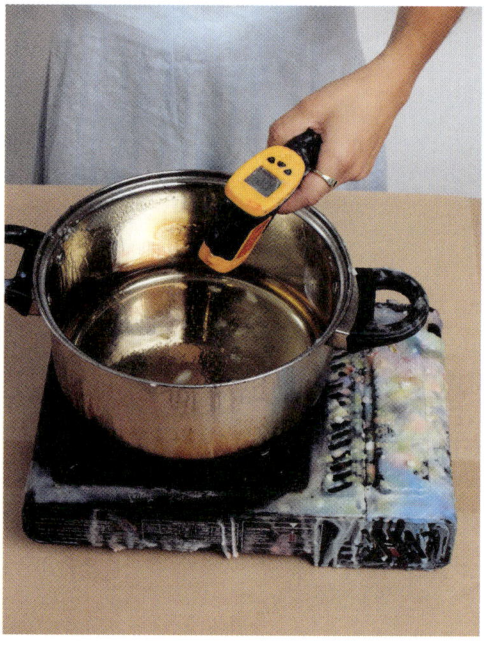

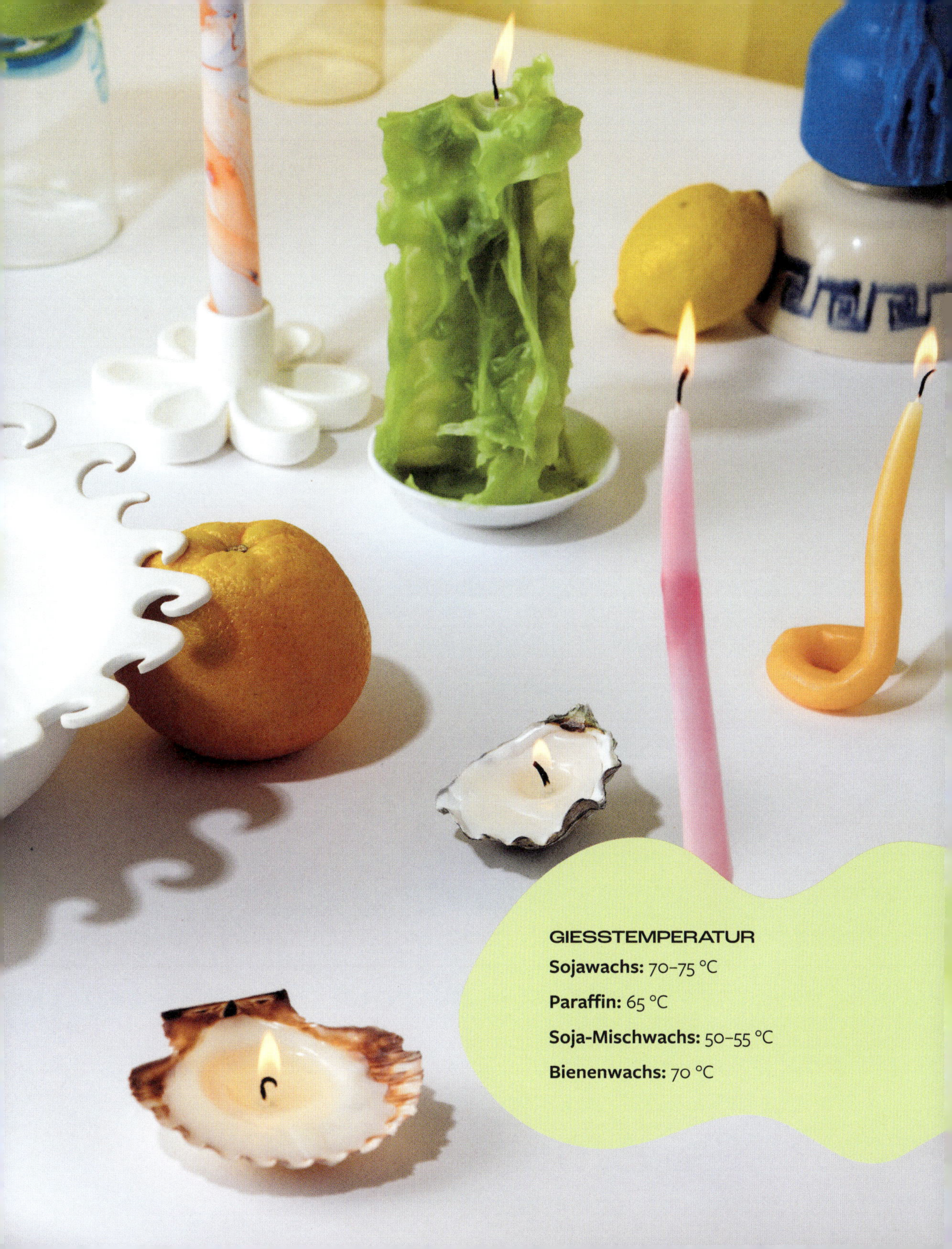

GIESSTEMPERATUR

Sojawachs: 70–75 °C

Paraffin: 65 °C

Soja-Mischwachs: 50–55 °C

Bienenwachs: 70 °C

Dochte

Den richtigen Docht für eine Kerze auszuwählen, kann knifflig sein. Generell gilt: dünnere Dochte für kleine Kerzen, dickere Dochte für größere Kerzen. Ist der Docht zu groß, wird er die Kerze zu schnell abbrennen und zurück bleibt ein Haufen Wachs. Ist der Docht zu klein, sammelt sich flüssiges Wachs und die Flamme geht aus. Die Flamme sollte nur so groß sein, dass sie das Schmelzen des Wachses unterstützt, das aber nicht zu stark. Auch hier gilt es, je nach Kerze mit verschiedenen Dochtstärken zu experimentieren, insbesondere bei gegossenen Kerzen.

Einige Dochte sind vorgewachst, was beim Arbeiten mit Gießformen sehr hilfreich ist, da sich der Docht dann leichter durch das Loch für den Docht führen lässt. Vorgewachste Dochte bekommt man in vorgegebenen Längen – ein Docht sollte im Allgemeinen etwa 5 cm länger sein als die Kerze. Bevor man die Kerze anzündet, kann man den Docht dann auf etwa 7 mm kürzen.

Ungewachste Baumwolldochte sind nicht vorgeschnitten und zudem beweglicher. Wenn du beim Ziehen von Stabkerzen mit verrückten Formen experimentieren möchtest, eignen sich ungewachste Baumwolldochte am besten.

Im Fachgeschäft findest du sicher Hilfe bei der Auswahl des passenden Dochts für das Wachs und die Kerzenform, die du ausgewählt hast. Man kann den Docht auch selbst vorwachsen, indem man ihn einmal kurz in Wachs eintaucht und ihn zum Abkühlen flach und gerade hinlegt.

GERADLINIGKEIT IST GEFRAGT

Ein gerader Docht ist eine wichtige Voraussetzung dafür, dass die Kerze gleichmäßig abbrennt. Heißkleber oder Standplättchen auf dem Boden eines Glases oder Behälters tragen dazu bei, dass sich der Docht nicht bewegt (vorgewachste Dochte sind bereits mit einem Plättchen ausgestattet). Man kann auch spezielle Zentriervorrichtungen aus Metall verwenden, die, am oberen Rand der Form angebracht, dafür sorgen, dass der Docht sich nicht bewegt. Aber genauso gut eignen sich auch ganz normale Wäscheklammern und Eisstiele (unsere bevorzugte Methode). Nach einer Weile hat man raus, mit welchen Dingen man am besten klarkommt.

Gießformen

Eigene Formen herzustellen kann knifflig und zeitaufwendig sein, macht aber viel Spaß, außerdem ist so jede gegossene Kerze ein Unikat. Das Beste: Wer seine eigenen Gießformen herstellt, kann dazu so gut wie alles aus dem eigenen Haushalt verwenden. Dir gefällt die Form der kleinen Sojasaucenflasche? Mach eine Kerze daraus! Und auf Flohmärkten findet man oft kleine Objekte, die sonst ein Dasein als Staubfänger fristen würden; sie beim Herstellen von Kerzen zu nutzen, machen sie zu etwas ganz Besonderem.

Wir stellen unsere Gießformen mit Zweikomponenten-Abformsilikon her. Die Schritte zur Herstellung von Gießformen und zum Gießen von Kerzen werden bei den Projekten auf den Seiten 32–45 beschrieben.

Manche Formen sind schwieriger zu gießen als andere, daher solltest du mit etwas Symmetrischem anfangen, das entweder gleichmäßig breit ist oder an den Enden schmaler zuläuft. Wähle nichts, das zu schräg oder ungleichmäßig geformt ist (das kommt später). Die Konturen des Gegenstands, der in Silikon verewigt werden soll, entsprechen genau denen in der Gießform, bedenke dies. Wer keine eigenen Gießformen herstellen möchte, wird sicher online fündig. Die meisten hier vorgestellten Projekte können gut mit gekauften Formen umgesetzt werden – einen persönlichen Stempel kannst du ihnen trotzdem aufdrücken.

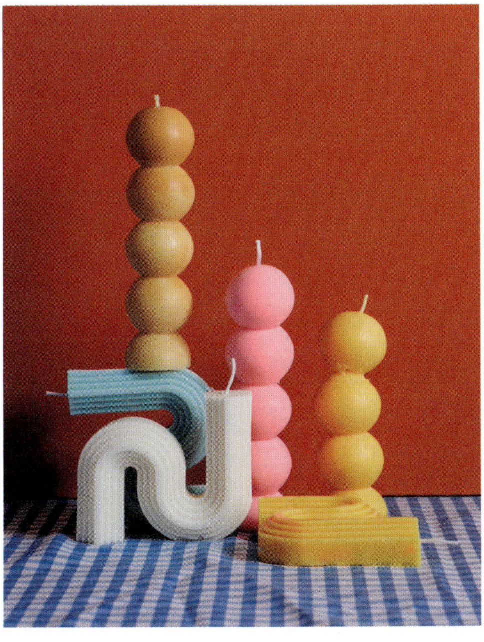

WIEDERVERWERTUNG IN NEUER FORM

Silikonformen haben ein nur kurzes Leben. Nach etwa zehnmal sind sie nicht mehr so glatt und haften zunehmend am Wachs, sodass die Kerze oft zerbricht. Abformsilikon ist teuer und nicht gerade umweltfreundlich, da es hauptsächlich Kunststoff ist. Zum Glück kann man die alten Gießformen zur Herstellung neuer wiederverwenden, da sich altes und neues Silikon verbinden. Die alten Formen in kleine Stücke schneiden und gemischt mit etwas frischem Silikon zur besseren Bindung zum Füllen der neuen Gießform verwenden.

FARBTABELLE

Rot + Blau = **Blauviolett**

Rosa + Blau = **Flieder**

Grün + Gelb = **Limettengrün**

Grün + Blau = **Türkis**

Rot + Gelb = **Orange**

Gelb + Rosa = **Melba**

Braun + Orange = **Orangebraun**

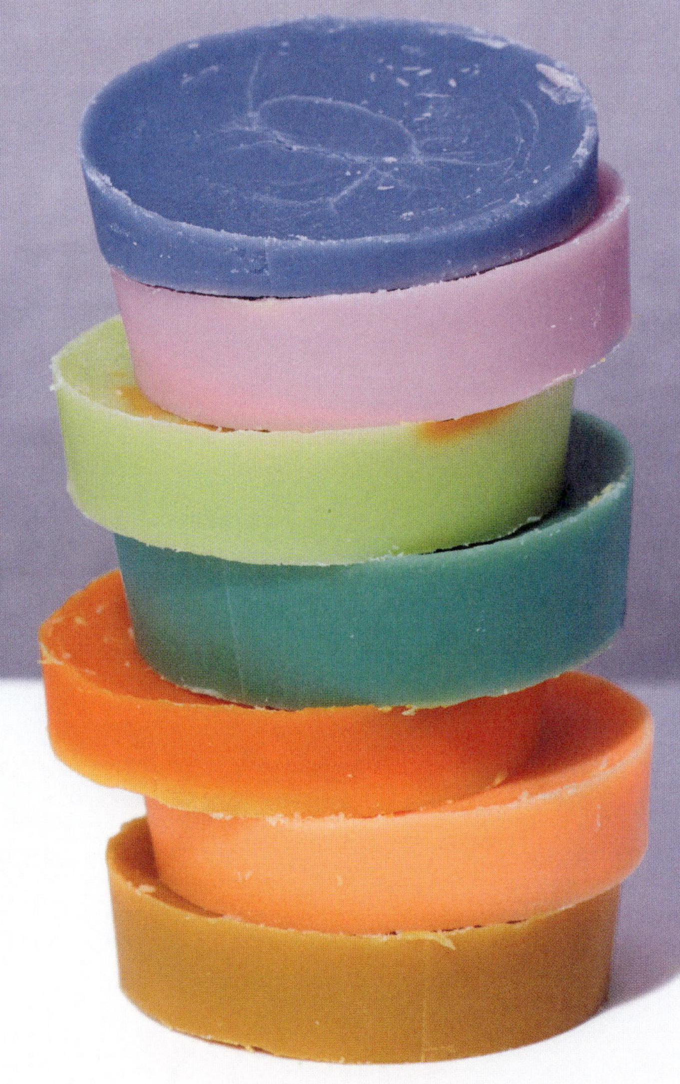

WACHS IST GEDULDIG

Es kann vorkommen, dass Kerzen brechen, wenn man sie aus der Form herauszieht, oder es erscheinen komische Flecken von früher verwendetem farbigen Wachs, das im geheimnisvollen Inneren deiner Form hängengeblieben ist. Keine Sorge! Einfach wieder einschmelzen und neu gießen.

Wachsfarben

Das Arbeiten mit Wachsfarben macht uns besonders viel Spaß! Am besten beginnt man mit einer Auswahl von Primärfarben. Die gegenüberliegende Seite zeigt einige einfache Farbmischungen, aber am besten probiert man die jeweiligen Farben in unterschiedlichen Verhältnissen selbst aus. Da Wachs im heißen, flüssigen Zustand anders aussieht als kalt und fest, testen wir das gefärbte Wachs vorab in einem weißen Pappbecher, um spätere Überraschungen zu vermeiden.
Wir verwenden sowohl flüssige als auch feste Wachsfarbe, um eine große Bandbreite an Farben zur Verfügung zu haben.

FESTE WACHSFARBEN können in Kunststoffbehältern aufbewahrt werden. Allerdings muss man die Farbe schmelzen, sodass ein Schmelzbehälter immer nur eine Farbe hat.

FLÜSSIGE WACHSFARBEN haben den Nachteil, dass sie leicht spritzen und man wochenlang mit den Flecken zu tun hat. Der große Vorteil ist aber, dass man eine große Menge ungefärbtes Wachs schmelzen, auf einzelne Behälter aufteilen und dann jeweils Wachsfarbe dazugeben kann, sodass man viele Farben aus einer Schmelzaktion gewinnen kann.

Außerdem sind die Farbpigmente ergiebiger, sodass man viel weniger Farbe benötigt. Ein Tropfen Farbe ergibt eine ganz andere Farbe als drei Tropfen.

So ergibt unser Lieblingsblau mit einem einzigen Tropfen ein zartes Hellblau, wohingegen drei oder vier Tropfen ein sattes Indigoblau hervorbringen.

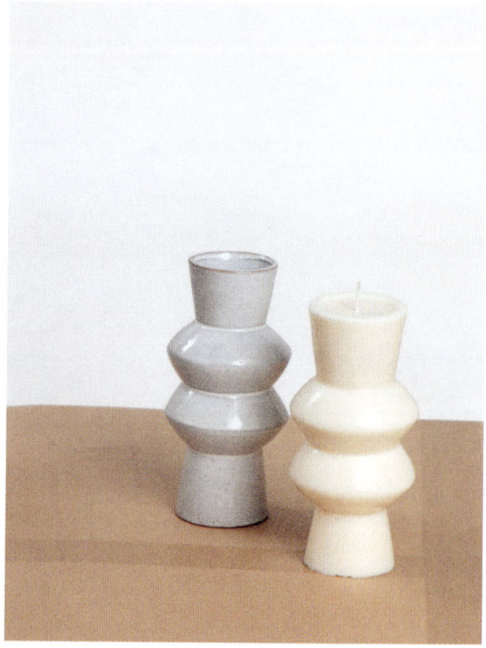

Düfte

Abgesehen von der schönen Stimmung, die Kerzen erzeugen, können sie auch den Geruchssinn erfreuen. Gerüche wecken sehr stark Erinnerungen. Und verschiedene Gerüche wirken sich jeweils anders auf die Stimmung aus. Wir alle haben bestimmte Gerüche, die in uns schöne Erinnerungen wachrufen oder uns Ruhe und Geborgenheit vermitteln.

Brennende Duftkerzen können die Stimmung im ganzen Haus verändern. Wir sind so schnell dabei, unsere Räume optisch zu gestalten, warum nehmen wir uns nicht die Zeit, uns auch mit den Düften in unserem Heim zu beschäftigen? Es ist doch wunderbar, wenn jemand dein Haus betritt und dir sagt, wie gut es riecht. Dabei geht es um das Gefühl, genauso wie um die Ästhetik.

Es gibt viele synthetische Duftstoffe für Kerzen, empfehlenswerter finden wir jedoch die aus Pflanzen gewonnenen ätherischen Öle. Sie verbreiten keine aufdringliche Duftwolke, sondern sorgen für eine angenehm feine, natürliche Note.

Der natürliche Duft solcher Kerzen ist nicht nur für die Nase angenehm, sondern trägt auch zur Entspannung bei, sorgt für einen ruhigeren Schlaf und lindert Nervosität. Wer Haustiere hat, sollte sich vorab damit beschäftigen, welche Aromen unschädlich sind.

Beim Einsatz ätherischer Öle muss man bedenken, dass bei zu viel Öl die Kerze nicht richtig fest wird und brechen könnte. Nimmt man zu wenig, riecht man nichts. Unsere Faustregel lautet 15–20 ml auf jeweils 500 g Wachs. Nach Belieben kann man mehr oder weniger nehmen.

Ätherische Öle erst zugeben, wenn das Wachs nach dem Schmelzen leicht abgekühlt ist, sonst verflüchtigen sie sich.

UNSERE LIEBLINGSDÜFTE

Lavendel ist bekannt für seine beruhigenden und stressmindernden Eigenschaften, sodass wir gern einen Lavendelmix zum Ausklang des Tages nutzen. Lavendel soll sich positiv auf Schlaf und Psyche auswirken, daher ist eine Lavendel-Duftkerze eine gute Sache im Bad oder im Schlafzimmer.

Pfefferminze sorgt für einen Energiekick, ideal für ein frisches Raumklima bei der Hausarbeit oder beim Putzen.

Bergamotte ist ein wohltuendes Öl bei Stress. Als Duftkerze wunderbar bei einem schönen Bad nach einem anstrengenden Tag.

Sandelholz hat nicht nur entzündungshemmende Eigenschaften, sondern kann auch bei Angstzuständen beruhigend wirken. Perfekt für einen faulen Vormittag oder einen gemütlichen Sonntagnachmittag.

Ylang-Ylang wirkt stimmungsaufhellend und hilft gegen Ängste und Depression.

Rosengeranie beruhigt und entspannt und hat darüber hinaus antibakterielle Eigenschaften.

Muskatellersalbei wirkt krampflösend bei Menstruationsbeschwerden, lindert Nervosität und lässt den Geist zur Ruhe kommen.

Patschuli trägt zur Entspannung bei und mindert Angstgefühle.

UNSERE LIEBLINGS-KOMBINATIONEN

Bergamotte + Muskatellersalbei

Rosengeranie + Patschuli + Lavendel

Ylang-Ylang + Rosengeranie

Sonstige wichtige Hilfsmittel

Herd und Topf zum Schmelzen von Wachs

Kanne zum Gießen des heißen Wachses

Löffel oder Essstäbchen zum Umrühren von Wachs und Abformsilikon

Gläser und Behälter als Kerzengefäße, um Gießformen zu machen und für vieles andere

Pappe für die Herstellung von Gießformen und zum Schutz der Arbeitsfläche

Heißklebepistole und Klebestifte zum Fixieren bei der Herstellung von Gießformen oder zum Fixieren von Dochten (anstelle von Dochtplättchen)

Schere zum Schneiden von Pappe oder Dochten und zum Öffnen von Paketen

Messbecher (250 ml Fassungsvermögen) und digitale Waage zum Abmessen von Wachs oder Silikon

Spieße (oder einen Bohrer mit kleinem Aufsatz) zum Stechen von Dochtlöchern

Klebeband zum Verschließen von Öffnungen bei der Herstellung von Gießformen

Teppichmesser oder Skalpell zum Schneiden der Gießform beim Entformen der Vorlage oder der Kerze

Wäscheklammern und Eisstiele (oder eine Zentriervorrichtung) zum Ausrichten der Dochte

Pappbecher zum Testen des gefärbten Wachses

Gummibänder, um eventuelle Schnitte in einer Gießform beim Gießen der Kerze zusammenzuhalten

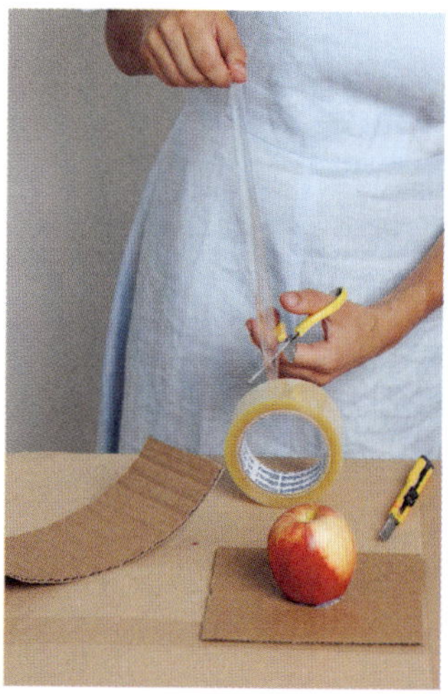

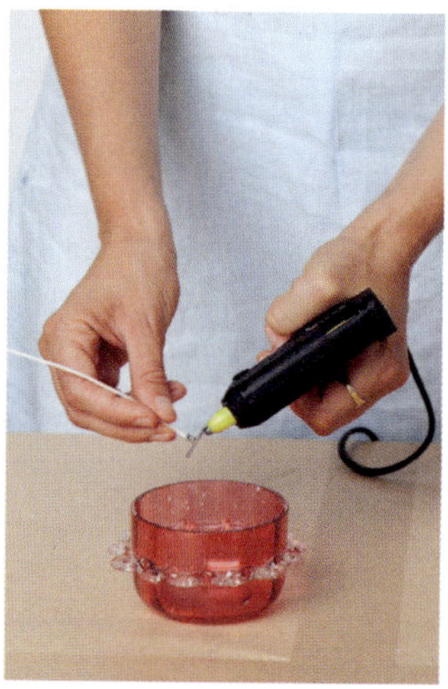

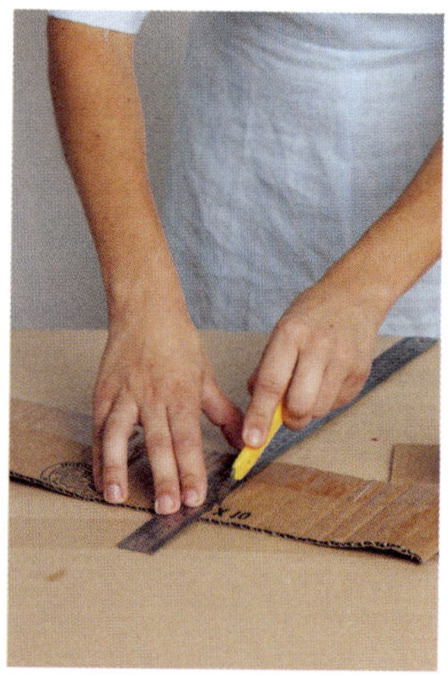

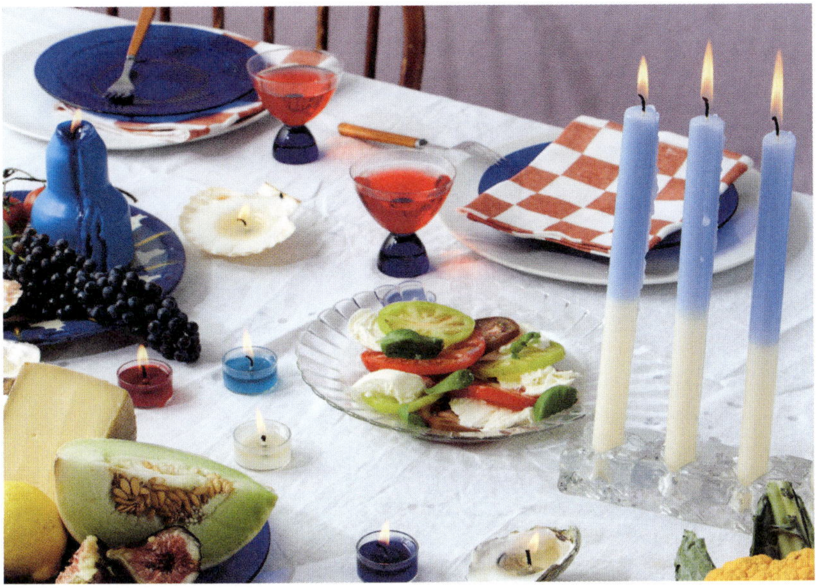

DER PERSÖNLICHE TOUCH

Es gibt so viele Inspirationsquellen für eigene Kerzenprojekte. Bei uns ist es vor allem das Reisen. In Mexiko verliebten wir uns in die mit religiösen Dingen vollgestopften Läden neben allen katholischen Kirchen. Man konnte sich darin kaum bewegen, denn bis unter die Decke waren dort Kerzen in verschiedenen Größen, Farben und Stilen gestapelt. Sie ähnelten den Kerzen aus Rubys Kindheit, wenn sie ihre Großmutter in griechisch-orthodoxe Kirchen begleitete (besonders zur Osterzeit), nur waren diese hier in herrlich leuchtenden Farben gestaltet. Wir machten Großeinkauf und transportierten das kostbare Gut im Handgepäck, damit die Kerzen nicht im aufgegebenen Koffer kaputtgehen.

Überlege dir, wie dein Haus eingerichtet ist. Soll deine Kerze zu einem Kunstobjekt passen? Möchtest du mit einer hellen, fröhlichen Kerze deiner Wohnung einen Farbakzent verleihen? Oder möchtest du einen Ruhepunkt setzen?

Stelle eine Kerze her, während du an eine ganz spezielle Person denkst. Wenn du eine Kerze verschenkst, überlege, was die beschenkte Person gern mag. Rubys Mutter liebt Rosengeranien, daher bekommt jede für sie gemachte Kerze ein paar Tropfen Öl ins Wachs. Bei Emmas Mutter dagegen ist es Lavendel. Andere Freunde sind dagegen Minimalisten, da bleiben wir eher schlicht und einfarbig.

TEIL 2

Projekte

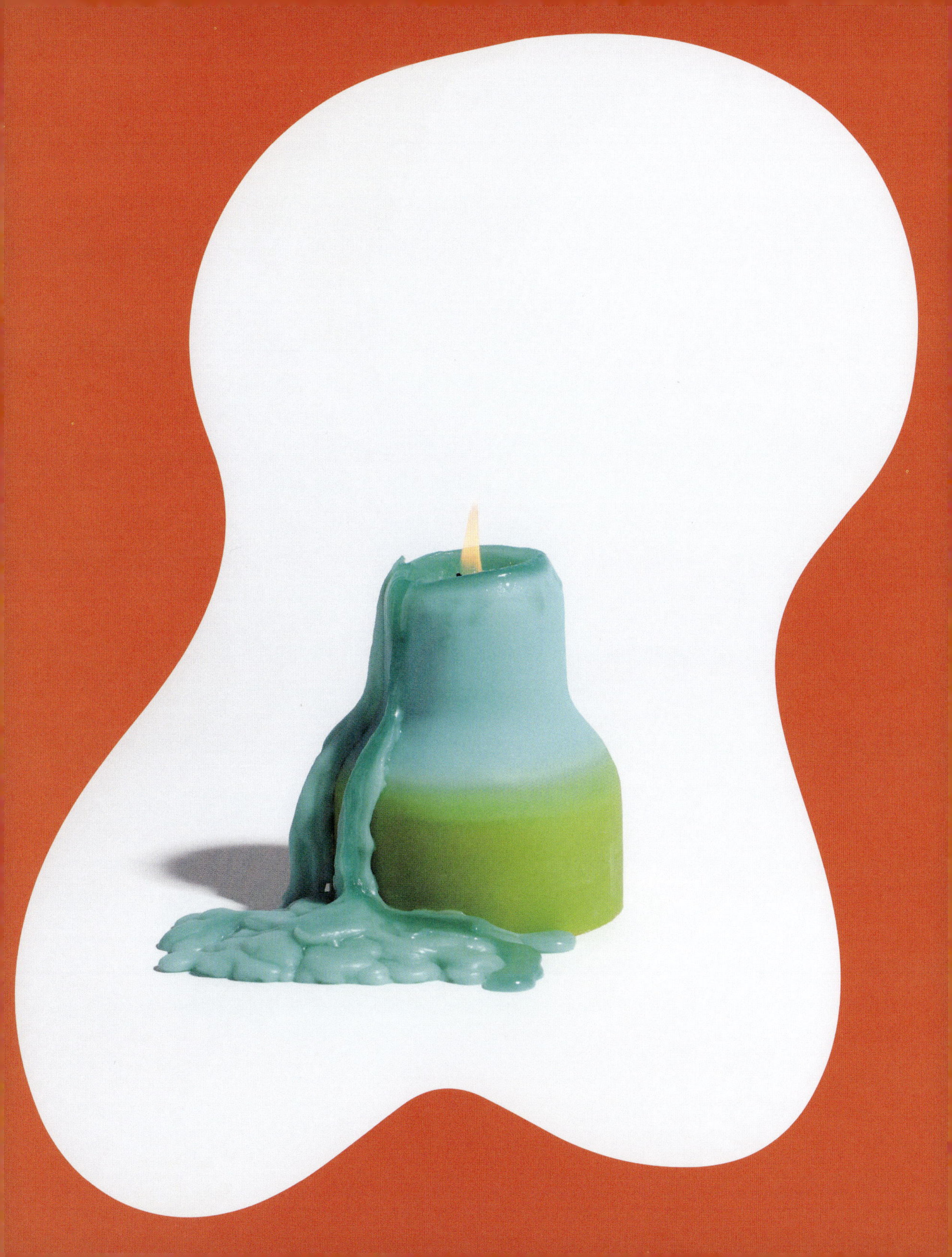

Tuttifrutti

EINFACHE GEGOSSENE KERZE

Etwas Einfaches für den Anfang! Früchte wie ein Apfel oder eine Zitrusfrucht eignen sich gut als Gießform und sind meist zu Hause griffbereit. Zudem kann man Zitronen beispielsweise anschließend trotzdem auspressen. Außerdem sind Früchte eher klein und symmetrisch, ideal für die ersten Versuche mit Abformsilikon.
Besonders reizvoll ist bei Zitrusfrüchten die feine Textur: Jede kleine Erhebung kommt in der Gießform zum Vorschein und wenn du dazu noch die Farbe gut hinbekommst, sieht die Kerze aus wie eine echte Frucht!
Dieses Projekt enthält das »Grundrezept« für viele unserer Kerzenideen. Sobald du die Technik beherrschst, kannst du dich an andere, komplexere Varianten wagen. Aber vergiss bei alldem nicht unsere Sicherheitshinweise auf Seite 12, bevor du beginnst!

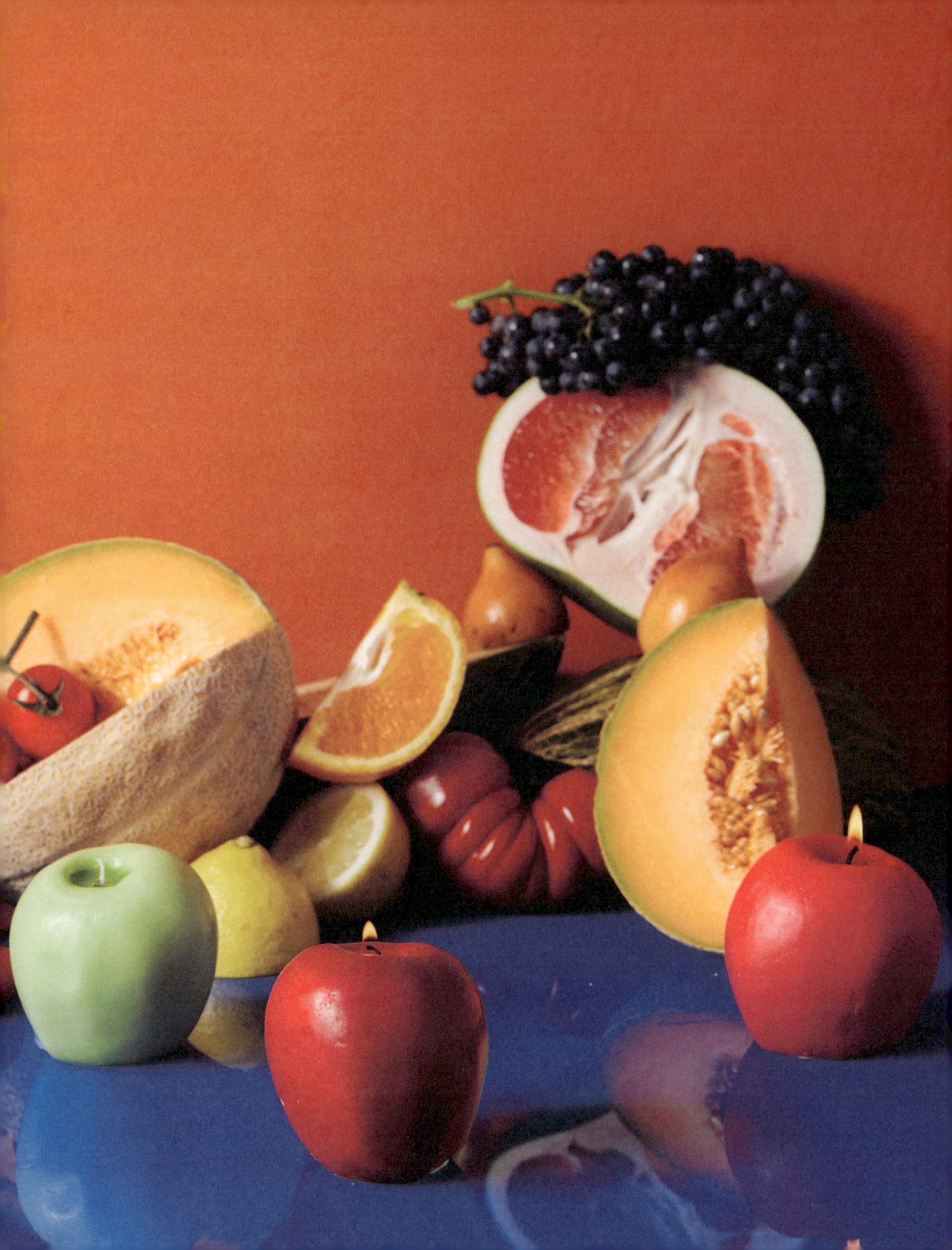

Die Gießform herstellen

BENÖTIGTES MATERIAL

- ein Apfel oder eine andere kleine Frucht
- zwei Stücke Pappe: ein kleineres Stück als Boden und ein größeres Stück
- Zweikomponenten-Abformsilikon: etwa 300 ml

Das von uns verwendete Abformsilikon ist eine 1:1-Mischung aus zwei Teilen. Man benötigt jeweils etwa 150 ml, um einen guten Messbecher Silikon zu erhalten. Hier muss man nach eigenem Ermessen vorgehen, denn bei einem großen Apfel braucht man mehr als bei einem kleinen.

1.

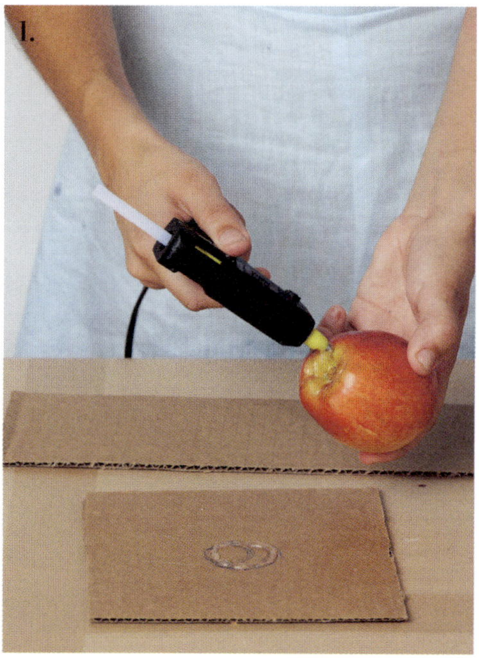

2.

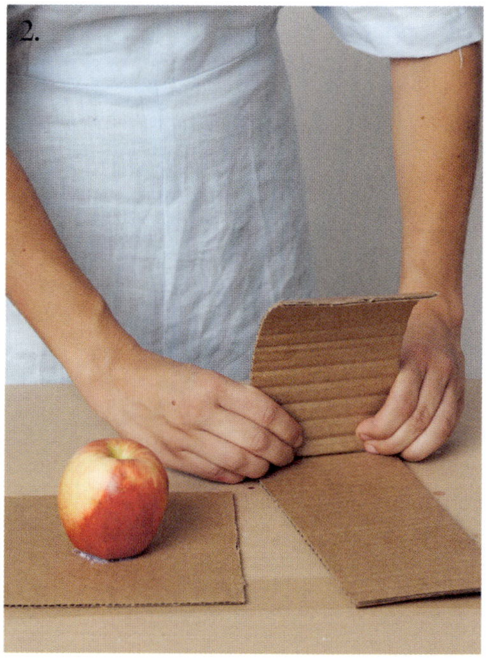

1. Den Apfel in der Mitte der kleineren Pappscheibe mit der Heißklebepistole fixieren. Er sollte wirklich gut kleben, damit er sich beim Eingießen des Silikons nicht lösen kann und so die Form zerstört. Du kannst auch ein paar Reißzwecken (auch Nägel oder kleine Schrauben) durch den Pappboden stecken, um den Apfel zu befestigen.

2. Für die Seitenwände der Form das größere Stück Pappe zu einem Rechteck schneiden, das etwas länger ist als der Umfang des Apfels und mindestens 2 cm höher. Falte die Pappe an ein paar Stellen vor, damit sie sich leichter biegt, und lege sie dann um den Apfel. Zwischen der Pappe und dem Apfel sollte ringsum etwa 1 cm Platz bleiben. Ist der Abstand größer, wird es später schwieriger, die Kerze zu entformen. Den unteren Rand der Pappe auf dem Boden festkleben und die Nahtstelle dicht versiegeln.

3. Aus den beiden Komponenten in einer Kanne entsprechend der Anleitung das Abformsilikon anrühren. Das von uns verwendete Abformsilikon muss etwa eine Minute langsam und gleichmäßig gerührt werden. Rührt man zu schnell, entstehen Luftblasen, die dann in der Gießform bleiben.

4. Wenn sich beide Teile in der Kanne vollständig verbunden haben, kann das Silikon langsam und gleichmäßig in die vorbereitete Form gegossen werden. Dazu von oben mit ruhiger Hand von einer Stelle aus eingießen, damit möglichst wenig Blasen entstehen. So lange eingießen, bis der Apfel mindestens 1 cm hoch mit Silikon bedeckt ist. Übrig gebliebenes Silikon im Gefäß trocknen lassen – nicht in die Spüle gießen! Klopfe etwa eine Minute lang seitlich auf die frisch gegossene Form, damit eventuell im nassen Silikon vorhandene Luftblasen entweichen können.

5. Die Gießform mindestens 4 Stunden trocknen lassen (oder wie in der Anleitung angegeben) – am besten lässt man sie über Nacht stehen.

6. Wenn die Form vollständig getrocknet ist, kann die Pappe seitlich und unten entfernt werden. An einer Stelle sind ein Loch in der Form und der Apfel erkennbar – dies wird die Oberseite der Gießform, in die später das Wachs gegossen wird. Diese Öffnung sollte schön sauber und rund sein. Eventuell musst du dazu mit einem scharfen Teppichmesser oder Skalpell vorsichtig etwas vom Silikon abschneiden, aber ohne dabei die Form einzuschneiden.

7. Die Finger von oben in die Form führen und den Rand behutsam zurückziehen. Gleichzeitig von unten mit den Daumen den Apfel aus der Öffnung schieben (siehe Foto gegenüberliegende Seite). Es ist gut, diesen Schritt vorsichtig durchzuführen, da die fertige Kerze auf dieselbe Weise aus der Form genommen wird.

8. Nun muss noch das Loch für den Docht gemacht werden. Dazu mitten im Boden der Form mit einem Holzspieß ein Loch einstechen und einige Male hin und her schieben, damit später der Docht wirklich passt. Das geht auch mit einer feinen Bohrspitze.

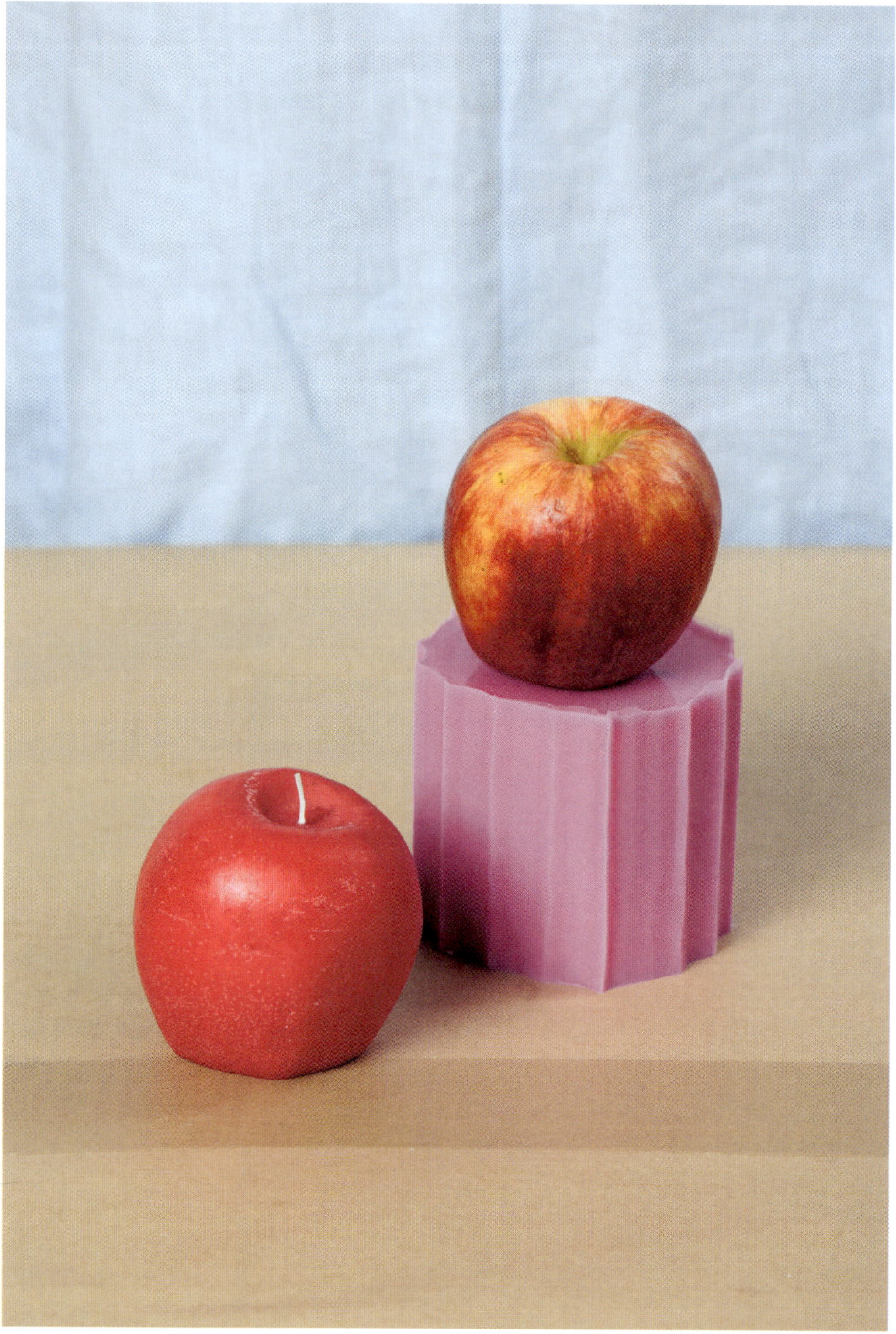

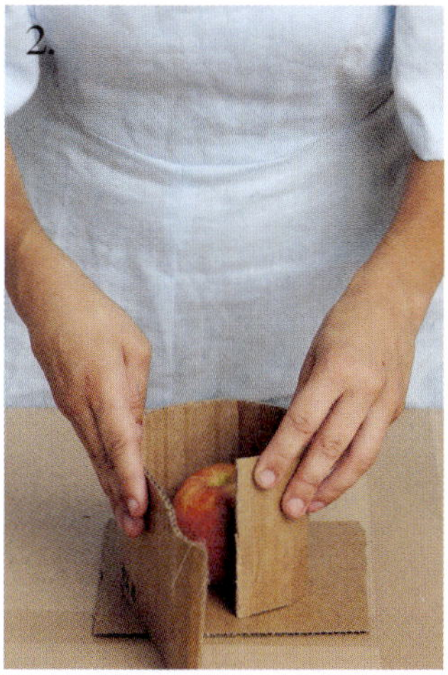
2.

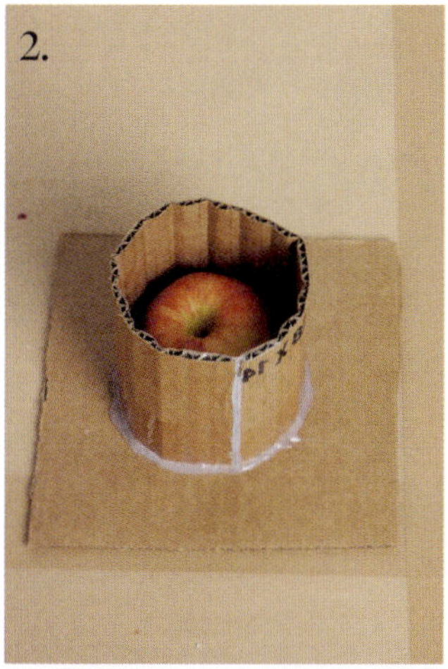
2.

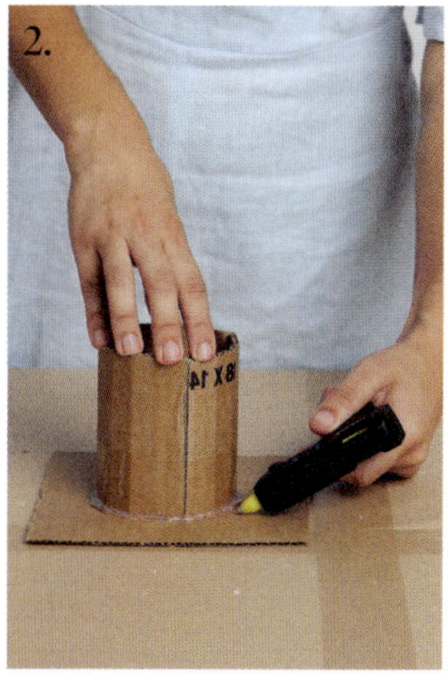
2.

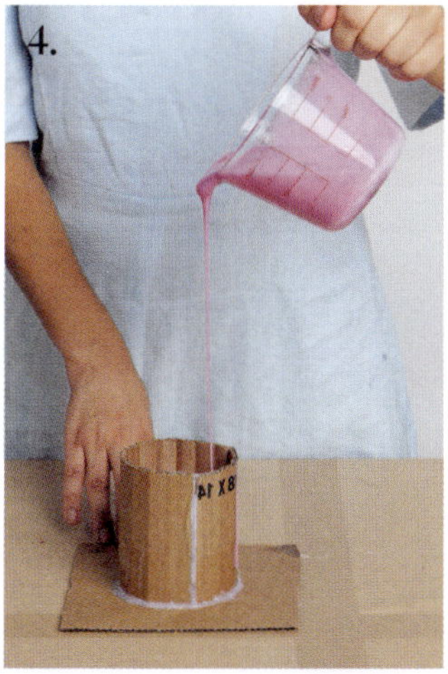
4.

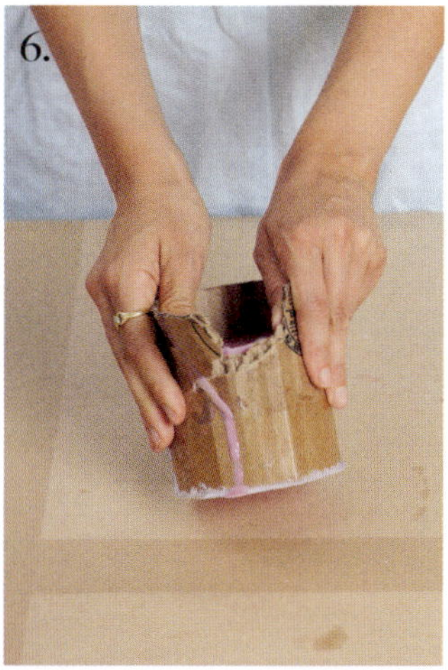
6.

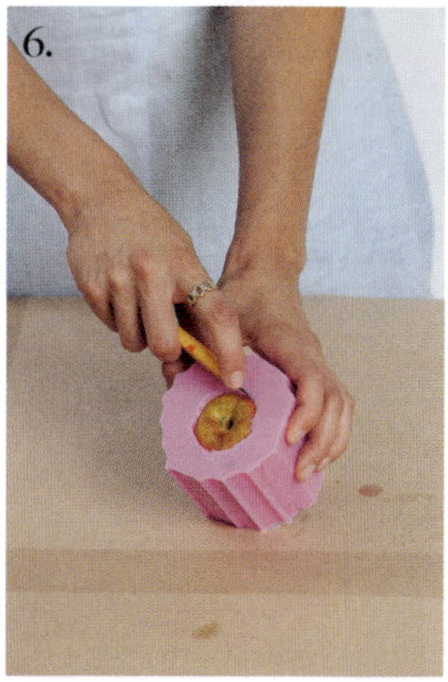
6.

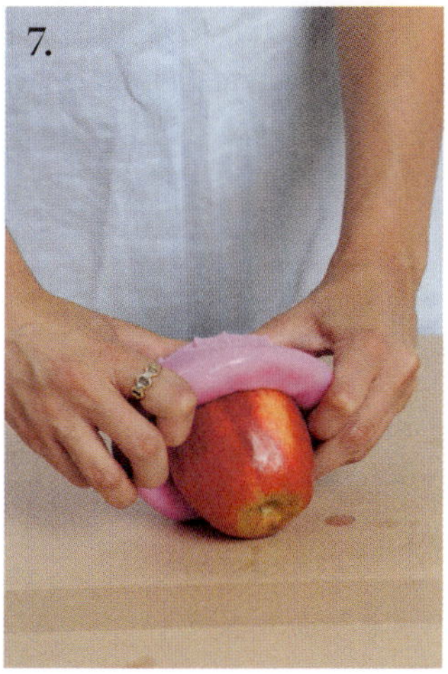
7.

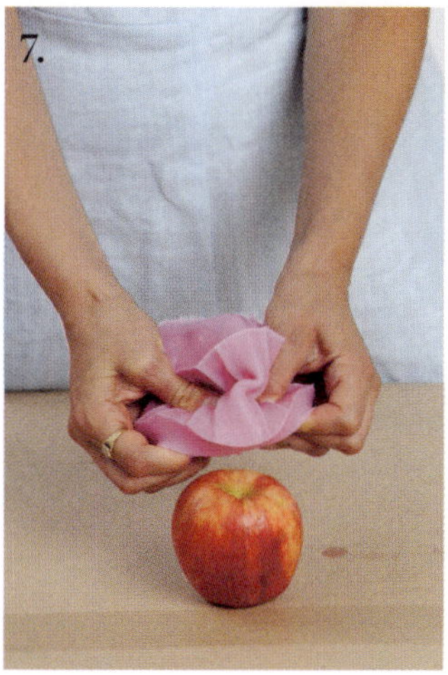
7.

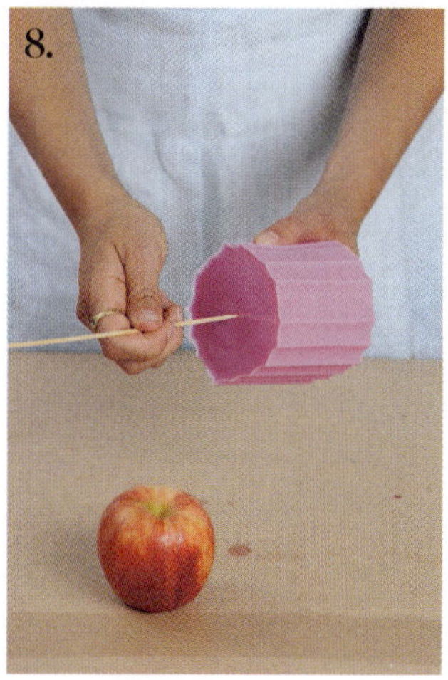
8.

Die Kerze herstellen

BENÖTIGTES MATERIAL

~ vorgewachster Docht (siehe Info zu Dochten auf Seite 22)
~ Wachs nach Wahl (wir verwenden ein für Gießformen geeignetes Sojawachs, mehr dazu auf Seite 16)
~ die vorbereitete Gießform
~ Wachsfarben nach Wahl (optional, man kann die Kerze auch weiß lassen oder honigfarben bei Bienenwachs)

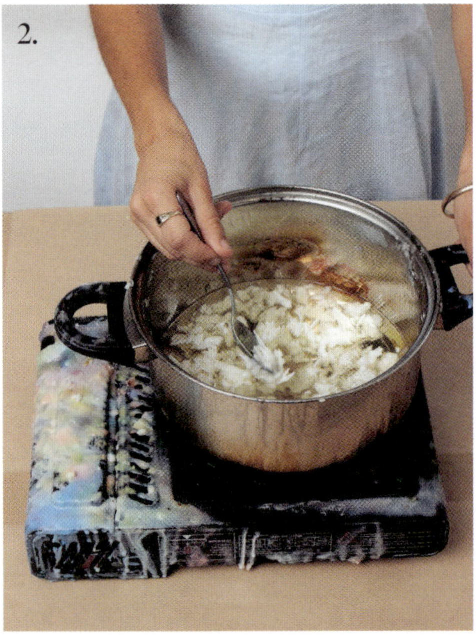
2.

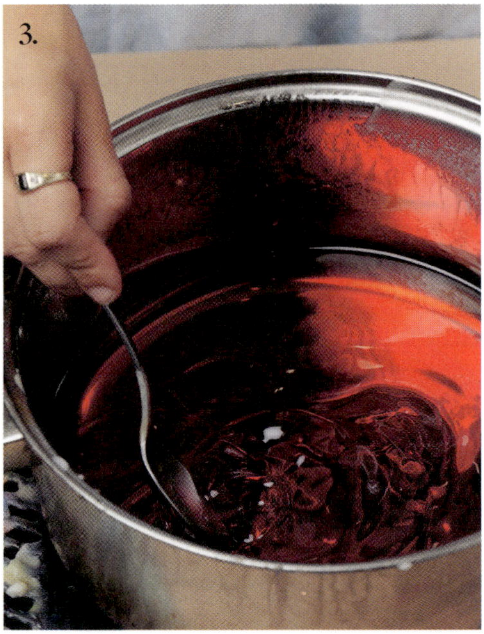
3.

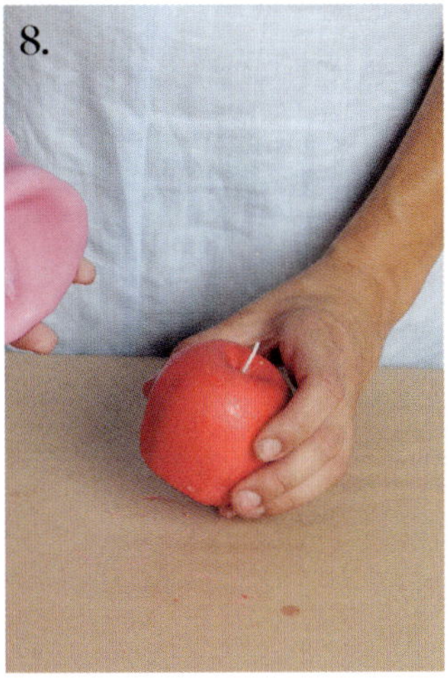

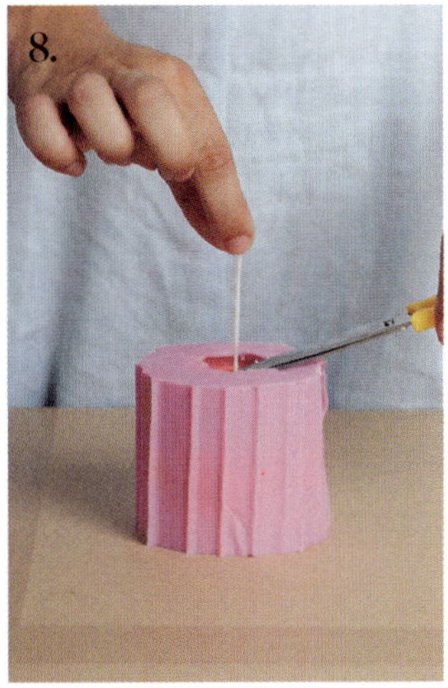

1. Den Docht durch das zuvor in die Gießform gestochene Loch fädeln und die Form zum Schutz vor Spritzern auf ein Stück Zeitungspapier oder Pappe stellen.
2. Das Wachsgranulat in einem Topf auf die erforderliche Temperatur schmelzen (siehe Angaben auf Seite 21). Das Granulat verrühren, bis alles geschmolzen ist.
3. Wenn das Wachs gefärbt werden soll, die Farbe dazugeben und gut unterrühren. Bei Farbplättchen ist es wichtig, dass sie sich vollständig auflösen.
4. Mit einem digitalen Thermometer die Wachstemperatur prüfen, damit die Kunststoffkanne nicht kaputtgeht und sich später keine Blasen in den Kerzen bilden.
5. Das geschmolzene Wachs in eine Kunststoffkanne umfüllen und dann langsam die Gießform füllen, bis das Wachs gerade unter den Rand der Öffnung reicht.
6. Den Docht gut zentrieren und mit der Klammer fixieren, die auf der Oberseite der Form liegt. Hierzu kannst du auch eine Zentrierhilfe verwenden.
7. Die Kerze etwa fünf Stunden fest werden lassen, oder zumindest so lange, bis sie komplett erkaltet ist. Versucht man zu früh, die Kerze zu entformen, geht sie kaputt, daher ist Geduld gefragt.
8. Mit den Fingern von oben in die Form fassen und den Rand behutsam zurückziehen. Gleichzeitig von unten mit den Daumen die Kerze aus der Öffnung schieben. Zum Schluss den Docht kürzen.

Sollte sich die Kerze nicht gut entformen lassen, könnte es daran liegen, dass an manchen Stellen das Silikon zu dick und nicht flexibel genug ist. In diesem Fall an den Stellen mit einem Teppichmesser oder einem Skalpell das Silikon wegschneiden, aber sehr vorsichtig, denn wenn man in die Form schneidet, muss man wieder von Neuem beginnen.

Gediegene Formen

PLASTISCHE GEGOSSENE KERZE

Nachdem du die Apfel- oder Zitronenkerze gemeistert hast, hast du vielleicht Lust bekommen, eine höhere und komplexer geformte Kerze herzustellen. Eine Salz- oder Pfeffermühle ist eine tolle Möglichkeit, auch eine kleine Vase in einer interessanten Form, und ähnliche Dinge, die sich leicht im Haushalt oder im Secondhand-Shop finden lassen. Solche Objekte können schwierig zu entformen sein, daher zeigen wir, wie man die Form einschneidet, um den Gegenstand sowie dann die Kerze zu entformen, ohne dass etwas kaputtgeht.

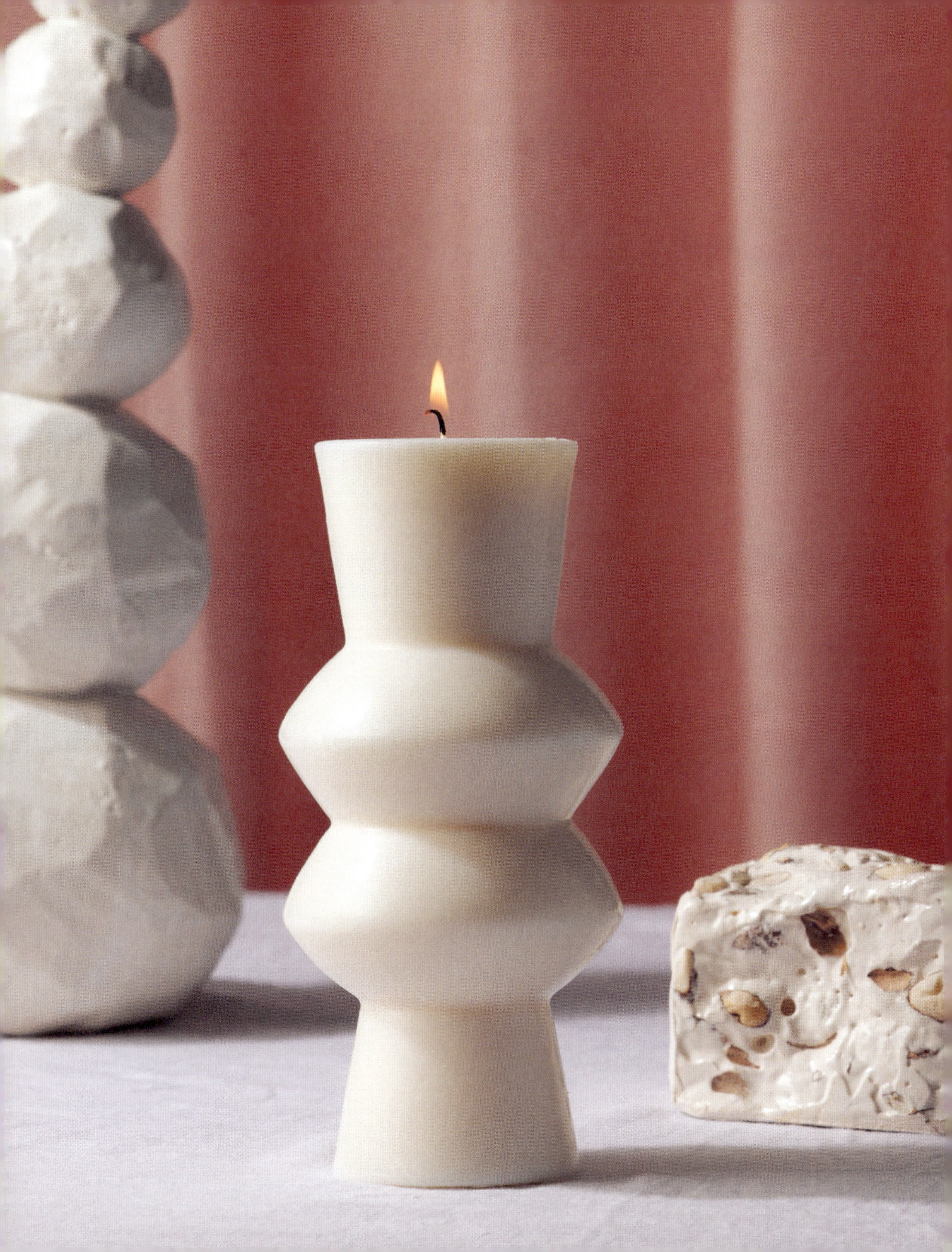

Die Gießform herstellen

BENÖTIGTES MATERIAL

~ Vase oder Pfeffermühle (oder ein anderes interessantes Gefäß)

~ zwei Stücke Pappe: ein kleineres Stück als Boden und ein größeres Stück

~ Zweikomponenten-Abformsilikon (die Menge hängt von der Größe des Gefäßes ab)

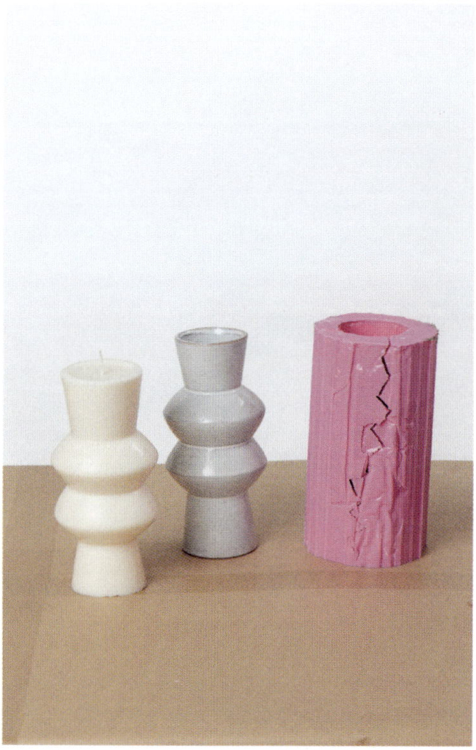

1. Sollte die Mühle oder Vase oben eine Öffnung haben, muss diese mit Klebeband verschlossen werden. Wenn das Klebeband nicht gut hält, kann es mit Heißkleber fixiert werden. Denk daran, dass jede Unebenheit in der Gießform wiedergegeben wird, daher sollten jegliche Kleberreste mit einem Skalpell oder Teppichmesser entfernt werden, um die Form so glatt wie möglich zu machen.

2. Das Gefäß mit Heißkleber auf ein Stück Pappe kleben. Achte darauf, es wirklich gut zu befestigen, damit sich nach dem Eingießen der Abformmasse nichts löst und die Form nicht ruiniert wird.

3. Für die Seitenwände aus der Pappe ein langes Rechteck schneiden, das etwas länger ist als der Umfang des Gefäßes und mindestens 2 cm höher. Falte die Pappe an ein paar Stellen leicht, damit sie sich besser biegt, und lege sie dann um den Gegenstand. Zwischen der Pappe und dem Gegenstand sollte ringsum etwa 1 cm Platz bleiben. Nun den unteren Rand der Pappe auf dem Boden festkleben und die Nahtstelle dicht versiegeln, sodass absolut nichts von dem Abformsilikon austreten kann.

4. Entsprechend der Anleitung auf der Packung das Zweikomponenten-Silikon im Verhältnis 1:1 in einer Kanne langsam und gleichmäßig anrühren. Die benötigte Menge muss man abschätzen, da sie von der Größe deines Gefäßes abhängt. Rührt man zu schnell, entstehen Luftblasen, die dann in der Gießform sichtbar werden.

5. Wenn sich beide Komponenten des Silikons in der Kanne vollständig verbunden haben, kann das Silikon langsam und gleichmäßig in die vorbereitete Form gegossen werden. Nun von oben mit ruhiger Hand von einer Stelle aus eingießen, damit möglichst wenig Blasen entstehen.
   So lange eingießen, bis der Gegenstand mindestens 1 cm hoch mit Silikon bedeckt ist. Übrig gebliebenes Silikon in der Kanne trocknen lassen – nicht in die Spüle gießen! Klopfe etwa eine Minute lang seitlich auf die frisch gegossene Form, damit eventuell im nassen Silikon vorhandene Luftblasen entweichen können.

→

6. Die Gießform mindestens 4 Stunden trocknen lassen (oder wie in der Anleitung angegeben) – am besten über Nacht stehen lassen.

7. Wenn die Form vollständig getrocknet ist, kann die Pappe seitlich und unten entfernt werden. An einer Stelle ist ein Loch in der Form und der Gegenstand sichtbar – dies ist die Oberseite der Gießform, in die später das Wachs gegossen wird. Diese Öffnung sollte schön sauber und rund sein. Eventuell musst du dazu mit einem scharfen Teppichmesser oder Skalpell etwas vom Silikon abschneiden, aber Vorsicht, dass die Form dabei nicht eingeschnitten wird.

8. Nun mit dem Teppichmesser oder einem Skalpell von oben langsam einen kurzen, schrägen Schnitt machen. Die Richtung wechseln und schräg in die andere Richtung schneiden. Weiter im Zickzackmuster schneiden, bis sich der Gegenstand gut entformen lässt. Dieser Schritt sollte vorsichtig ausgeführt werden, dann die fertige Kerze wird auf dieselbe Weise entformt. Je nach Gefäß muss man von oben bis unten einschneiden oder auch nur oben ein kleines Stück.

9. Das Zickzack mit einem kurzen waagrechten Schnitt abschließen. Auf diese Weise reißt das Silikon nicht weiter ein, wenn man die Kerze aus der Form löst.

10. Nun muss noch das Loch für den Docht gemacht werden. Dazu mitten im Boden der Form mit einem Holzspieß ein Loch einstechen und einige Male hin und her schieben, damit später der Docht wirklich passt. Das geht auch mit einer feinen Bohrspitze.

Die Kerze herstellen

1. Wie du siehst, hat die Form nun seitlich einen großen Schlitz, der gut verschlossen werden muss, bevor das Wachs eingegossen wird, damit es nicht herausläuft. Dazu mehrere Gummibänder fest um die Form spannen, sodass der Schnitt nicht auseinanderklafft (siehe Foto unten). Eventuell sieht man die Nahtstelle nach dem Erkalten auf der Kerze, was aber bei einer stärker strukturierten oder anderweitig ungewöhnlichen Form nicht so auffällt. Das sollte man bei der Wahl des Gefäßes im Kopf behalten.
2. Entsprechend der Anweisung für die Tuttifrutti-Kerze auf den Seiten 38–39 fortfahren und die Kerze nach dem Festwerden durch behutsames Rütteln entformen.

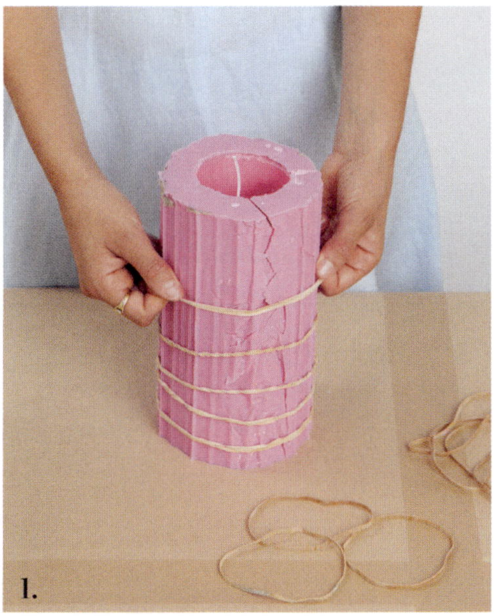

1.

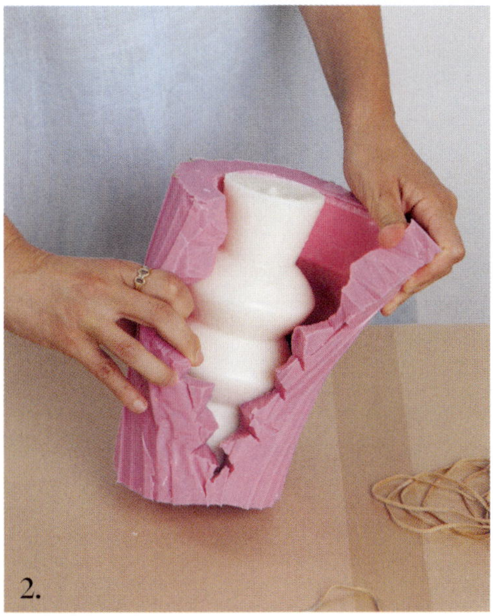

2.

Der Nase nach

EINFACHE DUFTKERZE

Eine Duftkerze herzustellen ist ganz einfach und sorgt zudem dafür, dass dein Zuhause ganz wunderbar duftet. Wir gießen Duftkerzen am liebsten in ein Gefäß, da dies ihre Brenndauer verlängert – ätherische Öle können teuer sein. Eine frei stehende Sojawachs-Kerze brennt etwa acht Stunden, in einem Glas dagegen brennt sie mehr als 20 Stunden. Geeignet sind dafür schöne Gefäße wie zum Beispiel eine kleine Vase, ein buntes Trinkglas, eine Teetasse oder auch die Schale deiner Lieblings-Zitrusfrucht – jede Duftkerze ein Unikat.

Wir kaufen bunte Gläser im Secondhand-Shop, was die Kerzen nicht nur interessanter macht, sondern auch nachhaltiger ist. Auch auf Etsy findet man oft tolle Murano- oder Retro-Gläser.

Bei Duftkerzen ist es wichtig, die Wachsmenge abzuwiegen, um besser bestimmen zu können, wie viel ätherisches Öl benötigt wird. Für eine nur subtil, aber süßlich duftende Kerze mit warmem Licht lässt man das ätherische Öl weg und verwendet Bienenwachs für einen natürlichen Honigduft.

Beachte die Sicherheitshinweise beim Abbrennen von Kerzen auf Seite 13. Kerzen nicht in Gefäße mit Rissen oder Sprüngen gießen. Wenn die Kerzen nicht brennen, am besten abdecken, damit sie nicht staubig werden.

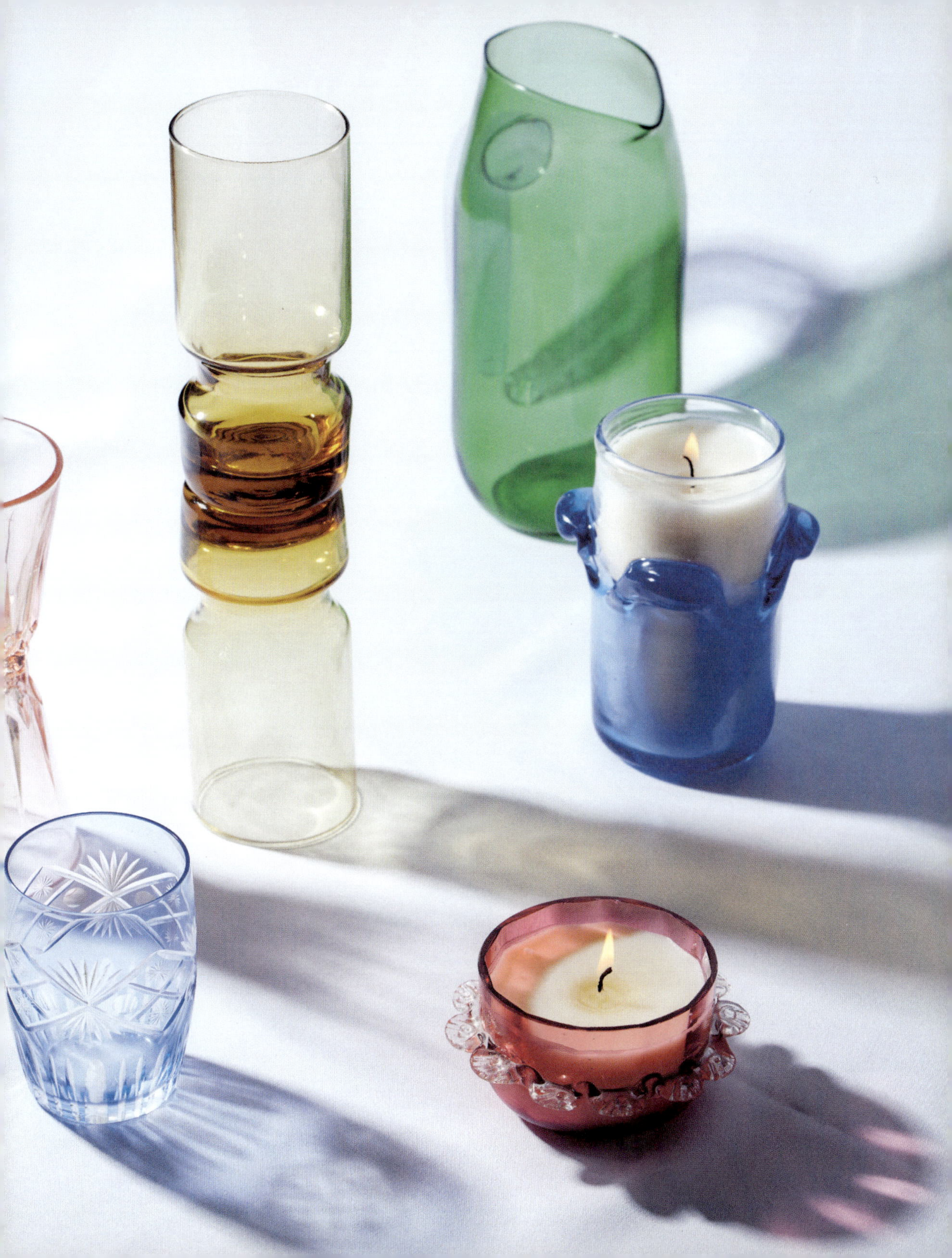

Die Kerze herstellen

BENÖTIGTES MATERIAL

- vorgewachster Docht
- beliebiges Glas oder Gefäß
- Dochtplättchen (optional)
- digitale Waage
- Sojawachs oder Bienenwachs
- ätherische Öle nach Wahl (Anregungen auf Seite 27)

Es ist wichtig, für die Kerze die richtige Dochtstärke auszuwählen (mehr hierzu auf Seite 22). Je nach Größe des Gefäßes könnten sogar zwei oder mehr Dochte angebracht sein. Halte beim Abbrennen der Kerze immer ein Auge auf die Flamme. Berührt sie die Gefäßwand, ist möglicherweise der ausgewählte Docht zu dick.
In dem Fall sollte die Kerze nicht weiter angezündet werden – einfach das Duftwachs herausnehmen, wieder einschmelzen und neu gießen. Es ist besser, einen neuen Versuch zu starten, als eine Kerze im Haus brennen zu lassen, von der eine Gefahr ausgeht.

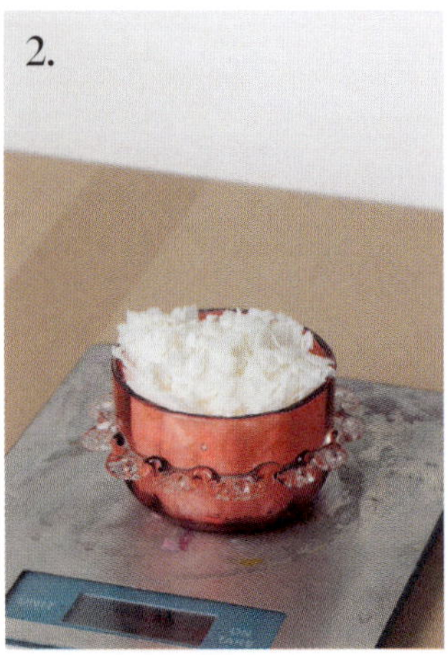

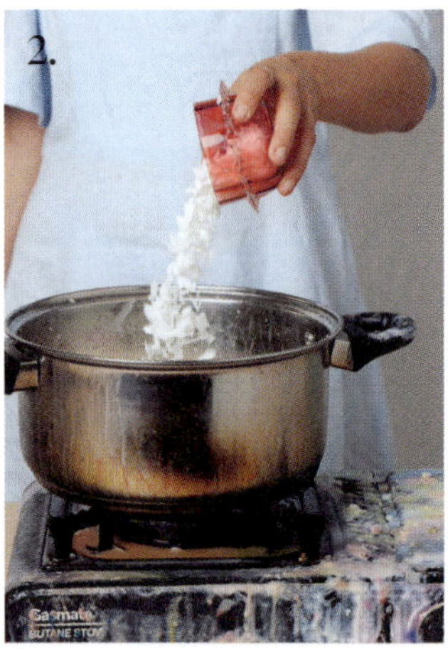

1.

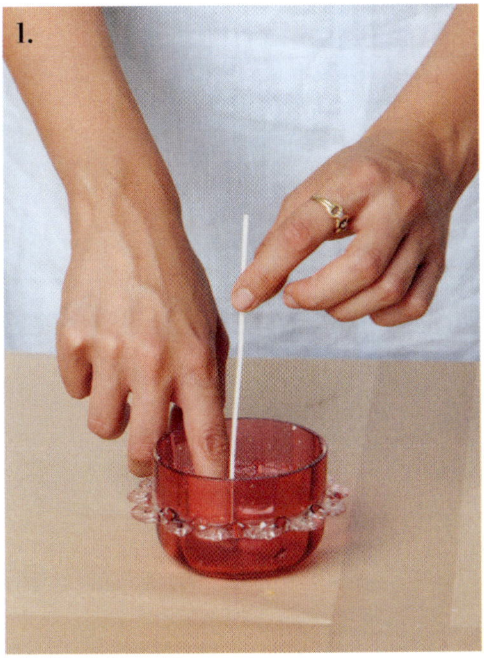

1. Den Docht am Boden des Gefäßes mit einem Dochtplättchen oder ganz wenig Heißkleber fixieren.
2. Das Gefäß auf eine digitale Waage stellen und diese auf Null stellen. Das Gefäß zweimal mit Wachsgranulat füllen (das Granulat wird beim Schmelzen weniger werden) und das Gewicht des Wachses notieren, damit du weißt, wieviel Duftöl du hinzufügen musst. Das Wachs in einen Topf geben.
3. Das Wachs unter Beachtung der Angaben auf Seite 21 mithilfe eines Thermometers auf die erforderliche Temperatur schmelzen.
4. Das Wachs vom Herd nehmen und in eine Kanne umfüllen. Anhand des Gesamtgewichts des Wachses aus Schritt 2 nun ausrechnen, wie viel ätherisches Öl zugegeben wird: 15–20 ml auf jeweils 500 g Wachs. Das Öl in das leicht abgekühlte Wachs geben und gut verrühren – ist das Wachs zu heiß, verflüchtigt sich das Öl schnell.
5. Das Wachs langsam und gleichmäßig in das Gefäß gießen und darauf achten, dass der Docht immer mittig bleibt. Das Gefäß bis 2 cm unter den Rand füllen, es sollte oben genug Docht freibleiben (der wird gegebenenfalls später gekürzt).
6. Den Docht in der Mitte der Kerze mit zwei Eisstielen seitlich fixieren, die wiederum durch eine Wäscheklammer gehalten werden, oder eine Zentrierhilfe verwenden. Es ist wichtig, dass der Docht gerade bleibt, damit die Kerze möglichst lange brennt.
7. Vor dem Anzünden sollte die Kerze auf Zimmertemperatur abgekühlt sein, aber nicht in den Kühlschrank stellen, dort könnte das Wachs reißen.

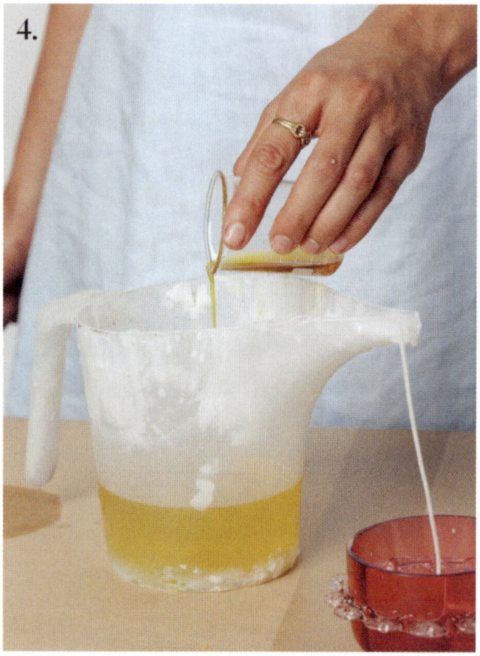
4.

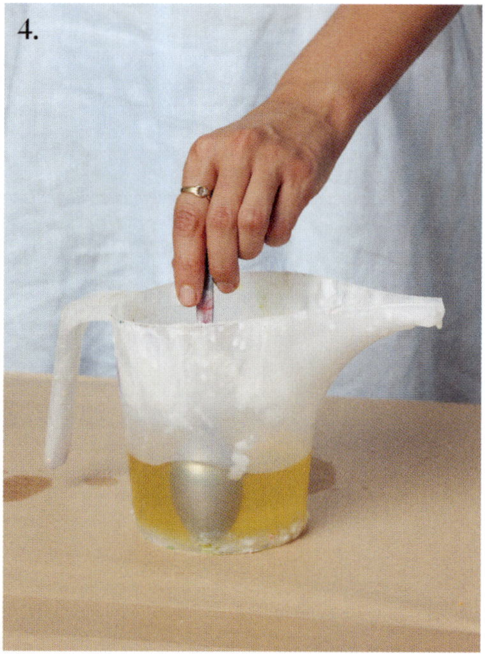
4.

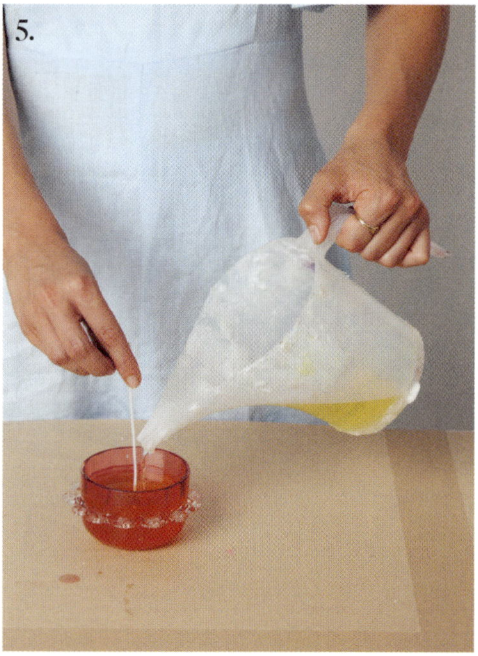
5.

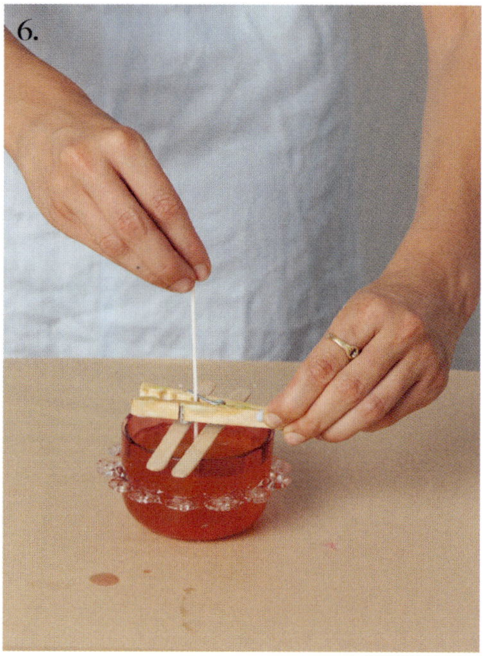
6.

CITRONELLA-KERZEN FÜR DRAUSSEN

Kerzen mit Zitronengrasduft halten Mücken fern und schaffen eine schöne Stimmung im Freien. Sie riechen wunderbar und schützen vor lästigen Besuchern. Man braucht etwa drei Tropfen Citronella-Öl für 200 ml Wachs.

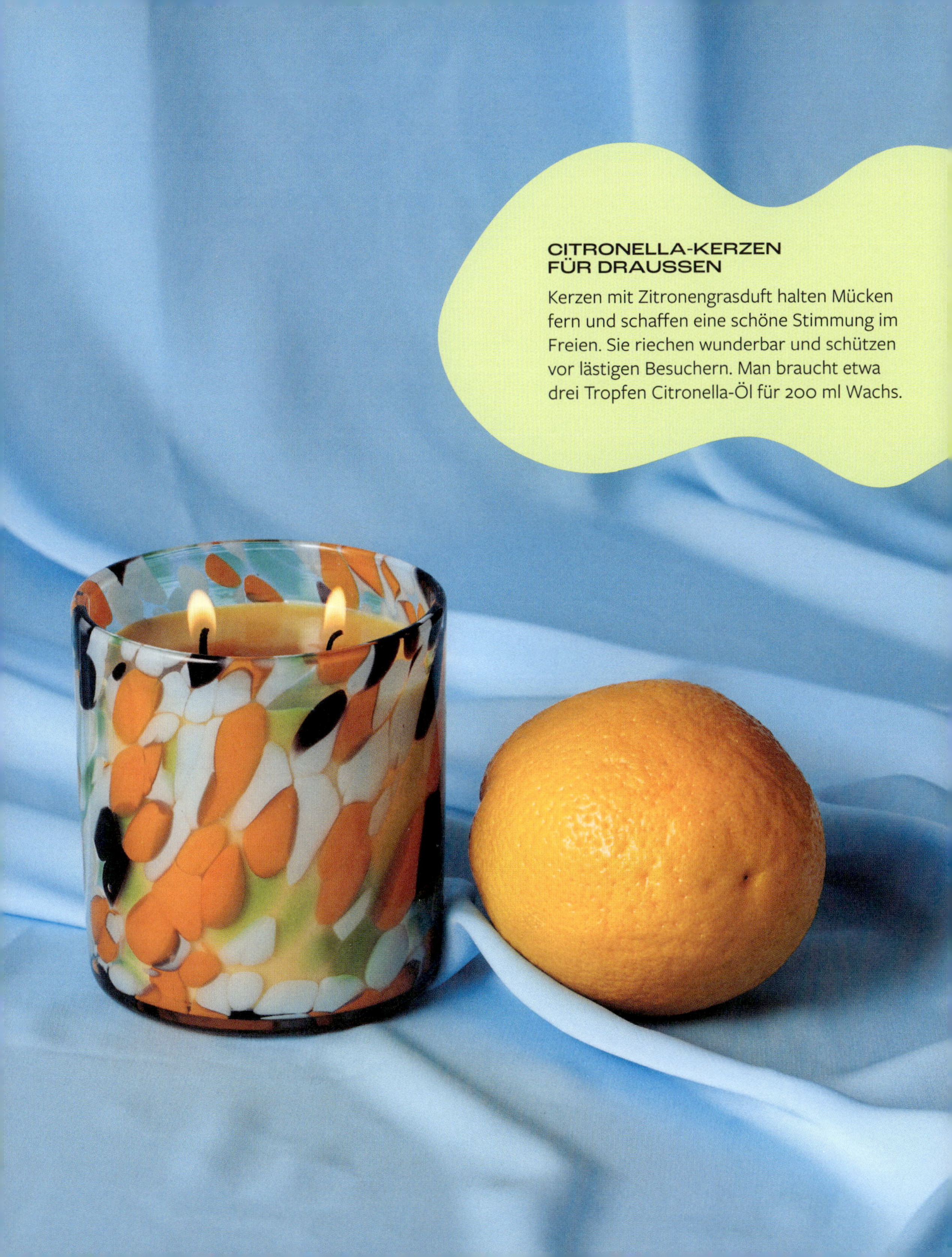

Dinnerparty

EINFACHE HANDGEZOGENE KERZEN

Wir laden gern Gäste zum Essen ein und bei diesen Anlässen ist es uns wichtig, mit Kerzen ein stimmungsvolles Ambiente zu erzeugen. Es gibt nichts Schöneres als ein großes Fest, zu dem wir den Tisch mit unserem bunten Mix aus Tellern, Gläsern und Kerzenleuchtern schmücken und dann darauf unsere hübschen Kerzen anzünden.

Kerzen von Hand zu ziehen ist eine der ältesten Formen der Kerzenherstellung. Diese irgendwie unförmigen selbst gemachten Kerzen machen richtig Spaß. Wir mögen sie, denn sie haben ihren ganz eigenen Charakter, sind einfach herzustellen und man kann sich bei Farben und Formen richtig austoben. Diese Kerzen müssen in einem Kerzenständer oder einem Kandelaber angezündet werden (oder schaue auf Seite 62, wie man selbst stehende handgezogene Kerzen macht).

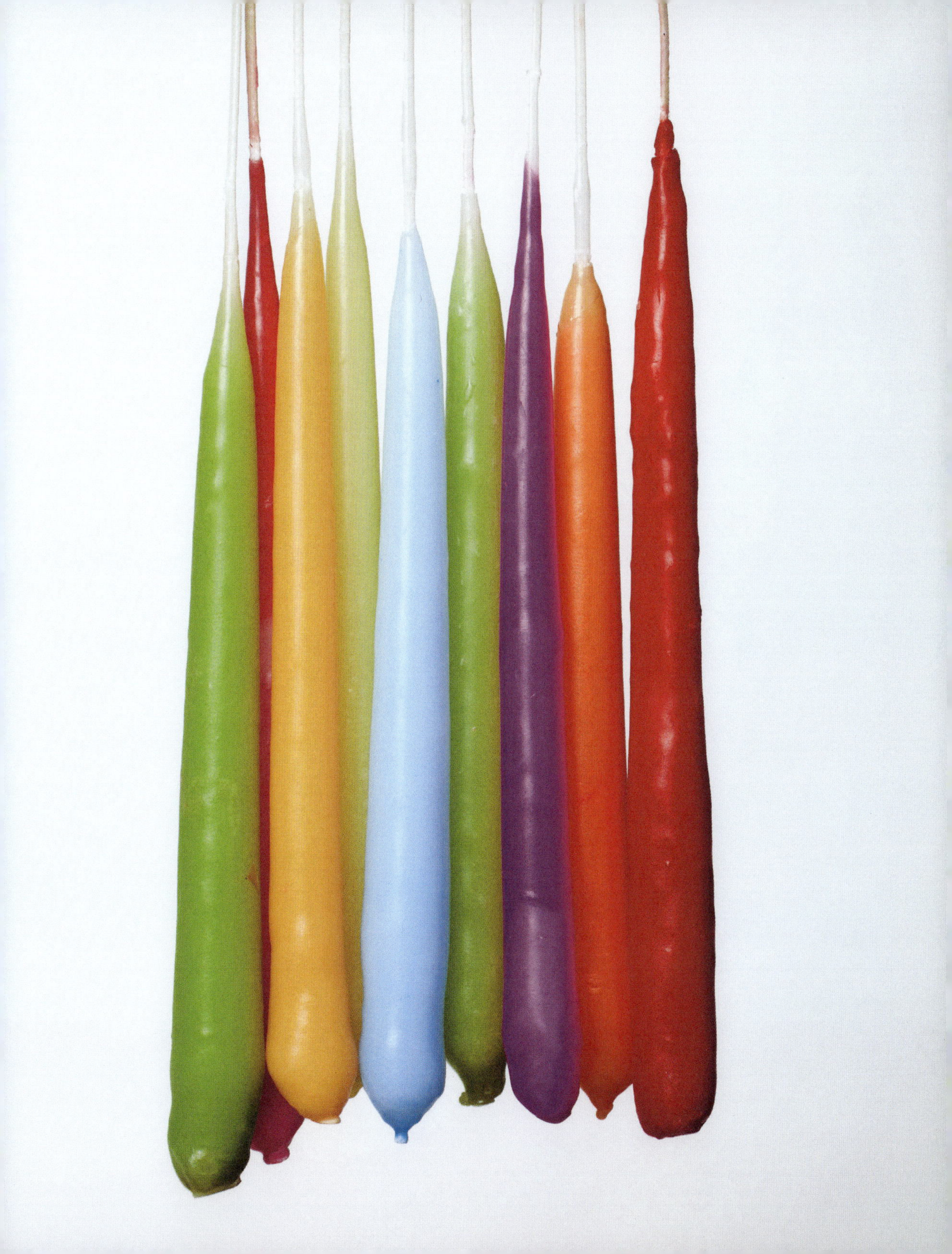

Die Kerze herstellen

BENÖTIGTES MATERIAL

- Wachs nach Wahl (wir verwenden Sojawachs oder Bienenwachs)
- Wachsfarben nach Wahl (optional)
- Docht nach Wahl (wir nehmen vorgewachste Dochte, es geht aber auch mit einfachem Baumwolldocht)

Für dieses Projekt haben wir einen 30 cm langen vorgewachsten Docht verwendet, aber er kann beliebig lang sein – wichtig ist nur, zwei ähnlich hohe Gefäße zur Verfügung zu haben.
Du kannst auch einen langen Docht in der Mitte falten und zwei Kerzen gleichzeitig herstellen! Einfach beim Tauchen an der Faltung festhalten und darauf achten, die Dochte auf Abstand zu halten, damit sie nicht zusammenkleben.

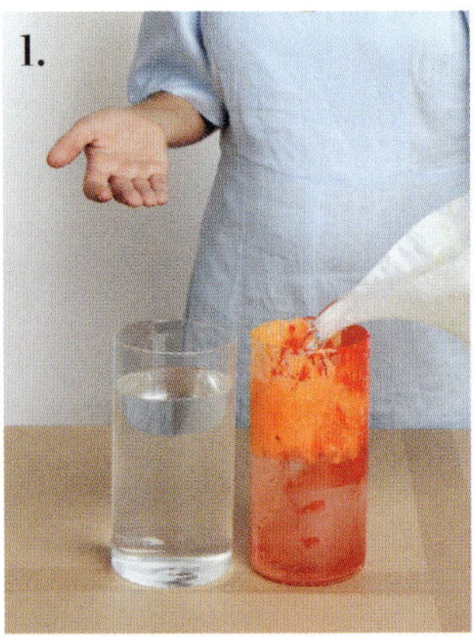

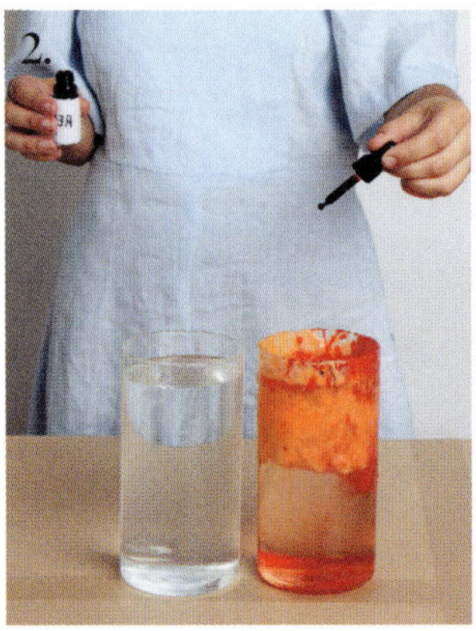

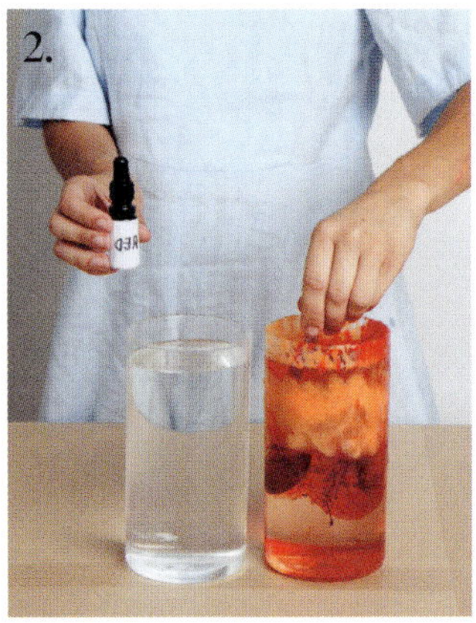

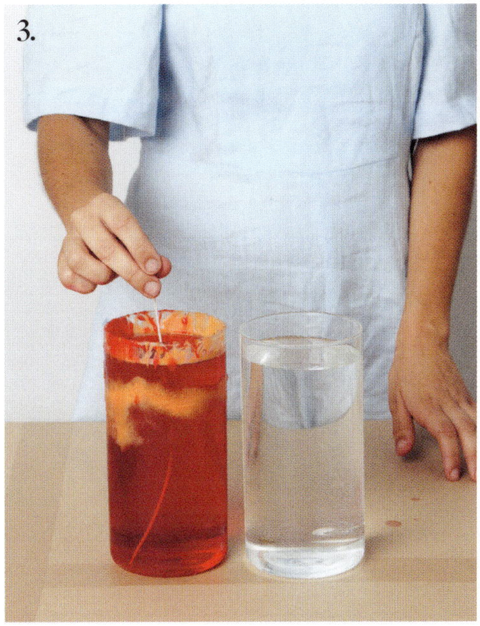

1. Das Wachs in einem Topf entsprechend der Temperaturtabelle auf Seite 21 erhitzen. Das schmelzende Wachs vorsichtig verrühren, dann in ein Gefäß geben, das hoch genug ist, um den Docht entsprechend der angestrebten Kerzenlänge eintauchen zu können. Ein gleich hohes Gefäß mit kaltem Wasser füllen.
2. Soll das Wachs gefärbt werden, ist dies der richtige Moment. Die Farbe muss vollständig untergemischt sein, bevor man mit dem Ziehen der Kerze beginnt. Eine zweite Möglichkeit ist es, die fertigen Kerzen am Ende im Tauchbad zu färben (siehe Seite 61).
3. Den Docht zwischen den Fingern halten und so weit in das Wachsgefäß tauchen, dass oben mindestens 3 cm frei bleiben zum Anfassen.
4. Den Docht herausnehmen und in das kalte Wasser tunken, damit das Wachs hart wird. Dann so viel Wasser wie möglich von der Kerze abschütteln.
5. Schritte 3 und 4 wiederholen, bis die Kerze die gewünschte Stärke hat. Möglicherweise muss man die Kerze zwischendurch begradigen, aber das geht leicht, da sie weich und formbar ist (im Übrigen finden wir leicht gebogene Kerzen auch irgendwie reizvoll).
6. Wenn die Kerze die gewünschte Stärke hat, kann man sie mit einer Klammer auf einem Wäscheständer aufhängen oder auf eine flache Unterlage legen und trocknen lassen.

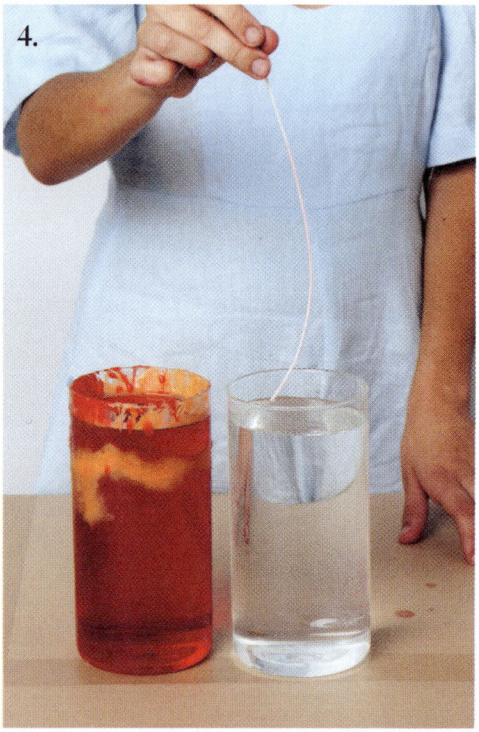

4.

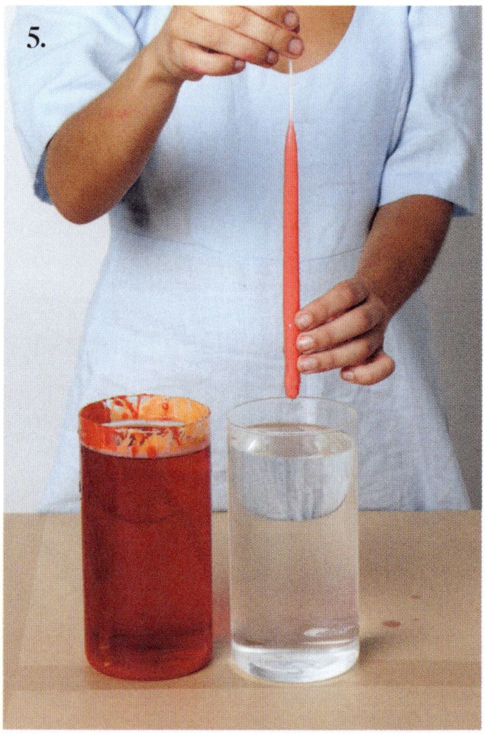

5.

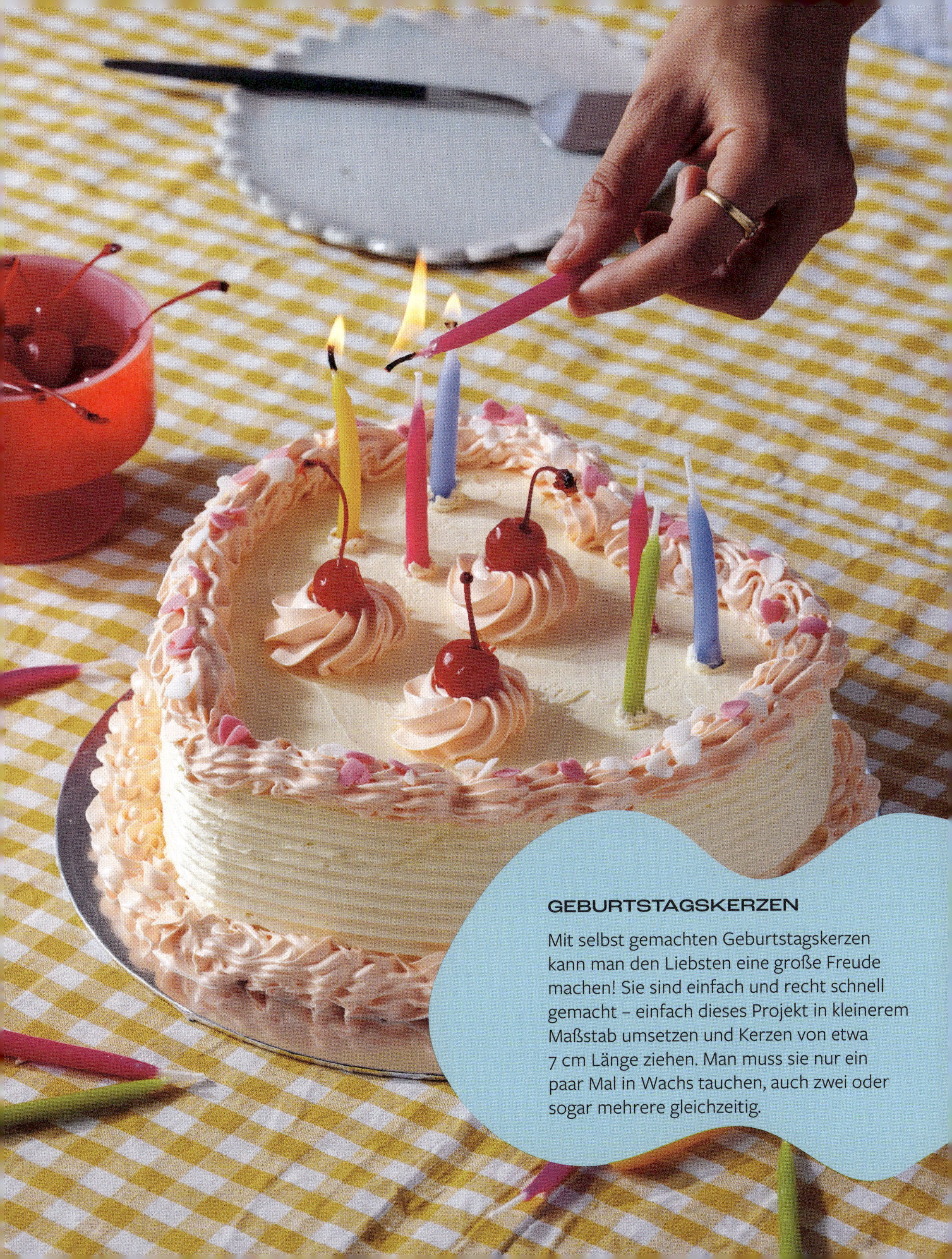

GEBURTSTAGSKERZEN

Mit selbst gemachten Geburtstagskerzen kann man den Liebsten eine große Freude machen! Sie sind einfach und recht schnell gemacht – einfach dieses Projekt in kleinerem Maßstab umsetzen und Kerzen von etwa 7 cm Länge ziehen. Man muss sie nur ein paar Mal in Wachs tauchen, auch zwei oder sogar mehrere gleichzeitig.

Groovy Baby

TAUCHKERZEN MIT FARBVERLAUF

Mit etwas Farbe bekommen die Tafelkerzen einen besonderen Glanz. Er entsteht durch das Eintauchen in gefärbtes Wachs. Wir verwenden in diesem Projekt nur eine einzige Farbe, hier lässt sich aber auch wunderbar mit Farben experimentieren, indem man dem Wachs zwischen den Tauchgängen einen weiteren Farbton zugibt. Eine Hilfestellung für Farbkombinationen gibt die Farbtabelle auf Seite 24.

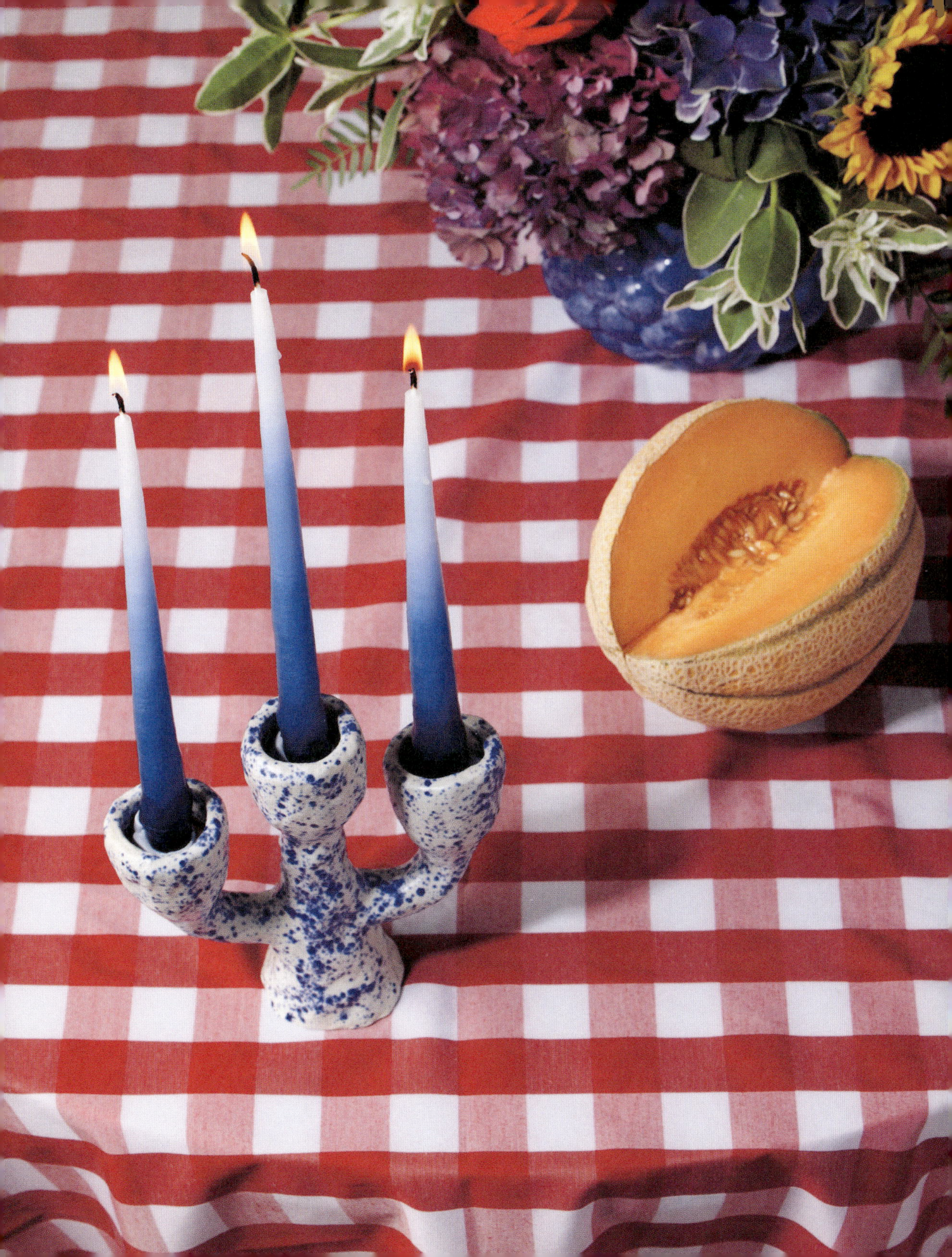

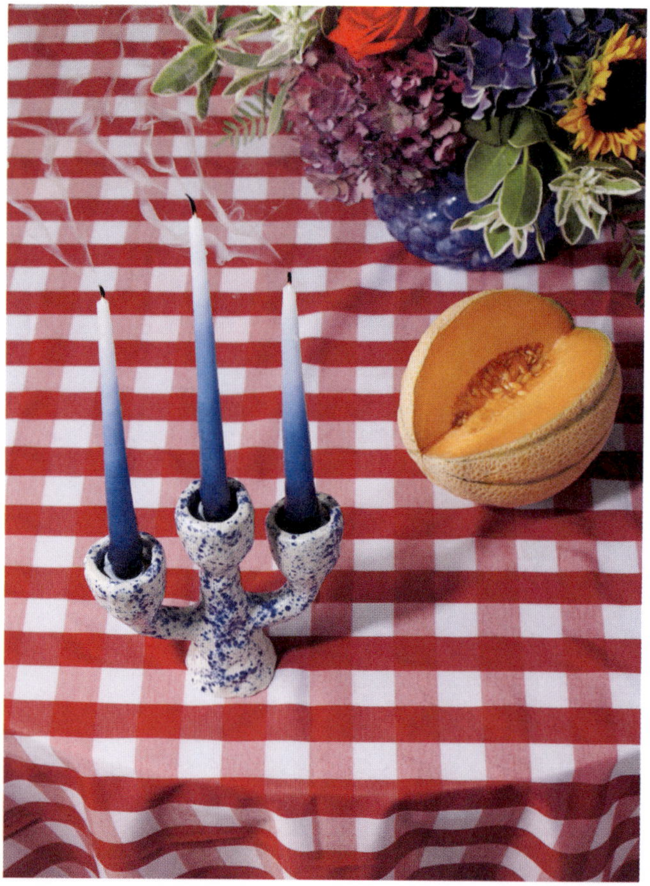

Die Kerze herstellen

BENÖTIGTES MATERIAL

- ~ Wachs nach Wahl (wir verwenden Sojawachs oder Bienenwachs)
- ~ Docht nach Wahl (wir verwenden vorgewachste Dochte, einfacher Baumwolldocht geht aber auch)
- ~ Wachsfarben nach Wahl

1. Wie in Schritt 1–4 auf Seite 55 beschrieben die Kerze ziehen. So oft in Wachs beziehungsweise in Wasser tauchen, bis die Kerze halb fertig ist, und dann zum Härten aufhängen.
2. Das restliche Wachs mit etwas Farbe einfärben. Nicht zu viel Farbe verwenden, da dies die erste Schicht des Farbverlaufs ist. Dann die Kerze weiter in Wachs und Wasser eintauchen.
3. Sobald man die Farbe an der Kerze erkennt, diese wieder aufhängen und etwas mehr Farbe zum Wachs geben (dieselbe Farbe oder eine andere). Gut durchmischen. Es lohnt sich, die Farbzugaben sehr allmählich zu machen, denn umso weicher gestaltet sich am Ende der Farbverlauf.
4. Die Kerze wieder eintauchen, aber dieses Mal nicht ganz untertauchen. Etwa 3 cm vor der Kerzenspitze stoppen, sodass an dieser Stelle die Grundfarbe noch zu sehen ist.
5. Diese Schritte wiederholen, dabei jedes Mal etwas mehr Farbe hinzufügen und die Kerze weniger tief eintauchen, sodass jede Schattierung (oder andere Farbe) zu sehen ist, von der hellsten Farbe oben bis zur kräftigsten unten. Die Kerze zum Trocknen aufhängen.

Standfest

SELBST STEHENDE HANDGEZOGENE KERZE

Wer die Ästhetik einer handgezogenen Kerze mag, aber keinen passenden Kerzenständer hat, kann eine Kerze ziehen, die von selbst steht. Wir machen davon gern viele auf einmal und in den verschiedensten Farben, die dann zusammen mit Blumen und Speisen den gedeckten Tisch verzieren. Wichtig ist hierbei, vor dem Anzünden zu prüfen, ob die Kerzen auch wirklich gut ausbalanciert sind und einen festen Stand haben.

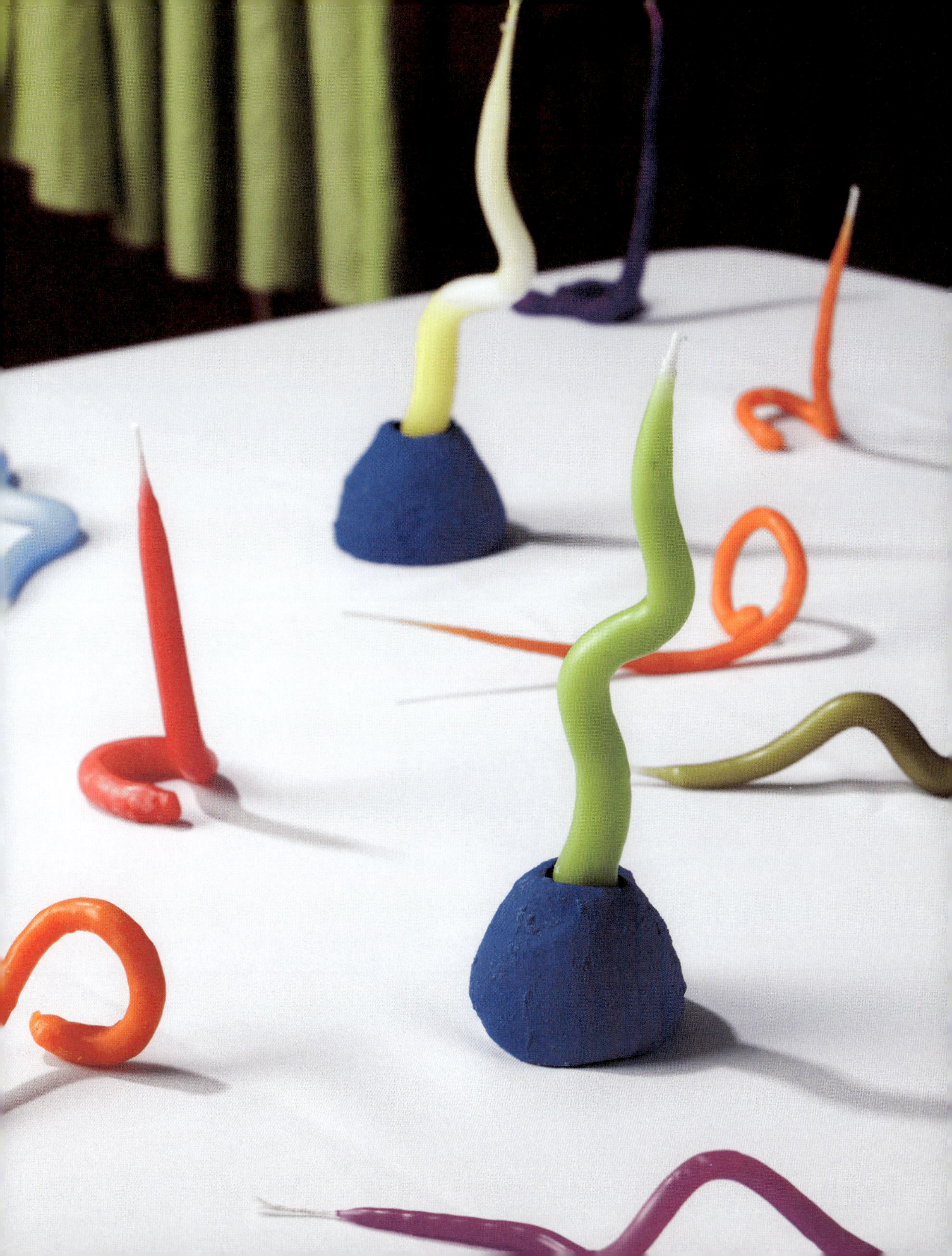

Die Kerze herstellen

BENÖTIGTES MATERIAL

~ Wachs nach Wahl (wir verwenden Sojawachs oder Bienenwachs)

~ Wachsfarben nach Wahl (optional)

~ Docht nach Wahl (wir verwenden vorgewachste Dochte, einfacher Baumwolldocht geht aber auch)

FREI FORMEN

Auf der Basis dieser Technik kann man handgezogene Kerzen in jeder beliebigen Form herstellen. Bewegt man den Docht im flüssigen Wachs etwas hin und her, ringelt er sich leicht wie eine Schlange. Ein mehrfach verknoteter Docht ergibt eine bauchige Kerze. Du kannst den unteren Teil des Dochts wie eine Blüte formen oder den Docht an beiden Enden halten und eine u-förmige Kerze herstellen.

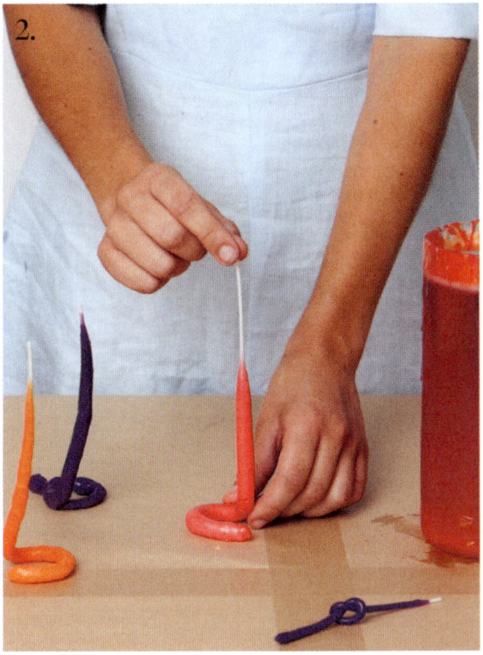

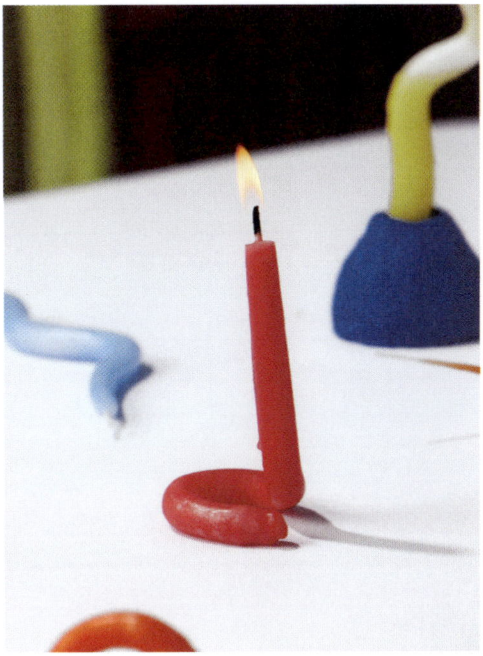

1. Wie in den Schritten 1–5 auf Seite 55 beschrieben verfahren. Nach Belieben das Wachs einfärben.

2. Wenn die Kerze die gewünschte Stärke hat, den unteren Teil der Kerze in einem 90-Grad-Winkel umbiegen und dann waagrecht einrollen, sodass daraus der Fuß der Kerze entsteht. Das Ganze auf eine glatte Oberfläche stellen und so ausjustieren, dass die Kerze von selbst steht.

3. Die gut ausbalancierte Kerze in ein Gefäß mit kaltem Wasser eintauchen und festhalten, damit das Wachs in dieser Gestalt fest wird. Um die Kerze beim Härten zusätzlich zu stützen, kannst du die Basis auf eine Fläche stellen und den Docht aufrecht an einen daneben gestellten Wäscheständer oder Geschirrkorb fixieren.

Fürst-Pückler-Revival

SCHICHTKERZE

Eine Schichtkerze herzustellen bietet die Möglichkeit, mit beliebig vielen Farben zu spielen und diese ganz nach Geschmack zu kombinieren.
Unsere Säulenkerze aus braunem, weißen und rosafarbenem Wachs ist eine unserer Favoriten: eine nostalgische Erinnerung an das leckere Fürst-Pückler-Eis aus Kindertagen. Schichtkerzen kann man in einer Gießform oder in einem durchsichtigen Glasgefäß herstellen, Hauptsache am Ende werden die Farben der einzelnen Schichten deutlich. Wir geben gleich hohen Schichten den Vorzug, aber wer mag, kann auch mit unterschiedlichen Höhen experimentieren oder zudem jeder Schicht noch ein anderes Aroma verleihen. Dieses Projekt wird deine Geduld auf die Probe stellen, denn zwischen dem Gießen der einzelnen Schichten heißt es warten. Am besten arbeitet man an einem Ort, an dem man alles stehen und liegen lassen und in Abständen daran weiterarbeiten kann. Die Wartezeiten wirklich einhalten! Wartet man nicht lange genug, vermischen sich die Farben und die Schichten unterscheiden sich nicht deutlich.

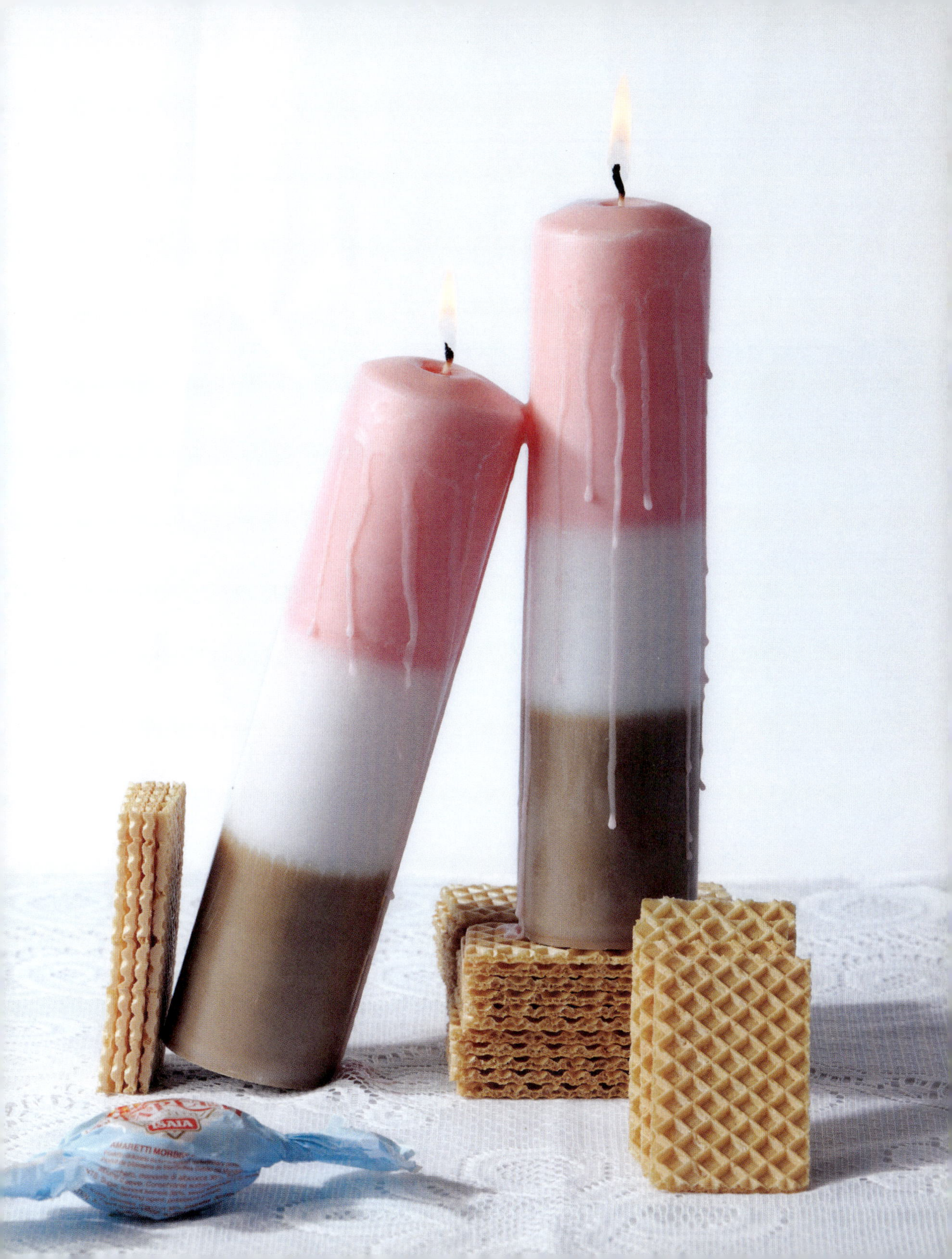
AMARETTI

Die Kerze herstellen

BENÖTIGTES MATERIAL

- Vorgewachster Docht
- Gießform oder durchsichtiges Gefäß
- Dochtplättchen (optional)
- Wachs nach Wahl (wir verwenden Sojawachs, das für eine frei stehende Kerze geeignet ist; mehr dazu auf Seite 16)
- Wachsfarben nach Wahl
- ätherische Öle nach Wahl (optional)

Wenn du Wachs in deiner Wunschfarbe gemischt hast, solltest du testweise etwas davon in einen Pappbecher geben, denn gefärbtes Wachs kann nach dem Erkalten ganz anders aussehen.

1. Bei Verwendung einer Gießform den Docht durch das Loch fädeln und mittig ausrichten. Bei einem anderen Gefäß den Docht mit einem Dochtplättchen oder einem kleinen Klecks Heißkleber fixieren. Wer ätherische Öle verwendet, sollte das Wachs vorab wiegen, um die Menge des Öls zu bestimmen (siehe Seite 49).
2. Das Wachs auf die erforderliche Temperatur schmelzen (siehe Seite 21). Die gewünschte Farbe zum Wachs geben und sorgfältig mischen, bis sie sich gleichmäßig verteilt hat. (Wir nehmen als Erstes Braun für das »Schokoeis«.) Das Wachs vom Herd nehmen. Das ätherische Öl erst hinzufügen, wenn das Wachs leicht abgekühlt ist.
3. Das Wachs in eine Kanne umfüllen und Gießform oder Gefäß zu einem Drittel damit füllen, entweder nach Augenmaß oder mithilfe eines Lineals ausgemessen und mit einem Klebestreifen auf der Form oder dem Gefäß markiert. Achte darauf, dass kein Wachs an die Seiten der Form oder des Gefäßes kommt, da die Farbe sonst in den anderen Schichten zu sehen wäre.
4. Den Docht mittig in der Kerze ausrichten, am besten mit einer Wäscheklammer (und gegebenenfalls Eisstielen) oder einer Zentrierhilfe. Eine gute Stunde fest werden lassen.
5. Die nächste Portion Wachs erhitzen, aber nun eine andere Farbe und/oder ein anderes ätherisches Öl zugeben. (Der zweite Abschnitt unserer Fürst-Pückler-Kerze ist weiß für das »Vanilleeis«, er bleibt bei uns also ungefärbt.) Langsam die zweite Portion Wachs eingießen, bis die Form oder das Gefäß zu zwei Dritteln gefüllt ist, und wieder eine Stunde fest werden lassen.
6. Nun die letzte Portion Wachs erhitzen wie zuvor. Farbe und/oder ätherische Öle zugeben (wir färben mit Rosa für »Erdbeereis«) und die Gießform oder das Gefäß bis zum Rand füllen.
7. Die fertige Kerze zwei Stunden durchhärten lassen. Wenn eine Gießform verwendet wurde, die Kerze nun vorsichtig herausziehen. Wenn nötig den Docht kürzen.

Griechischer Traum

DIAGONAL GEFÄRBT

Hol dir ein wenig Mittelmeerfeeling nach Hause mit dieser Kerze, die wie eine griechische Säule gestaltet ist! Wir mögen die Vorstellung, diesen Klassiker in die Zukunft zu transportieren, durch zwei schräg in die Form gegossene Farben. Das Ganze geht natürlich mit jeder beliebigen Gießform. In diesem Projekt verwenden wir eine gekaufte Form, wie man sie in vielen Onlineshops wie etwa eBay findet.

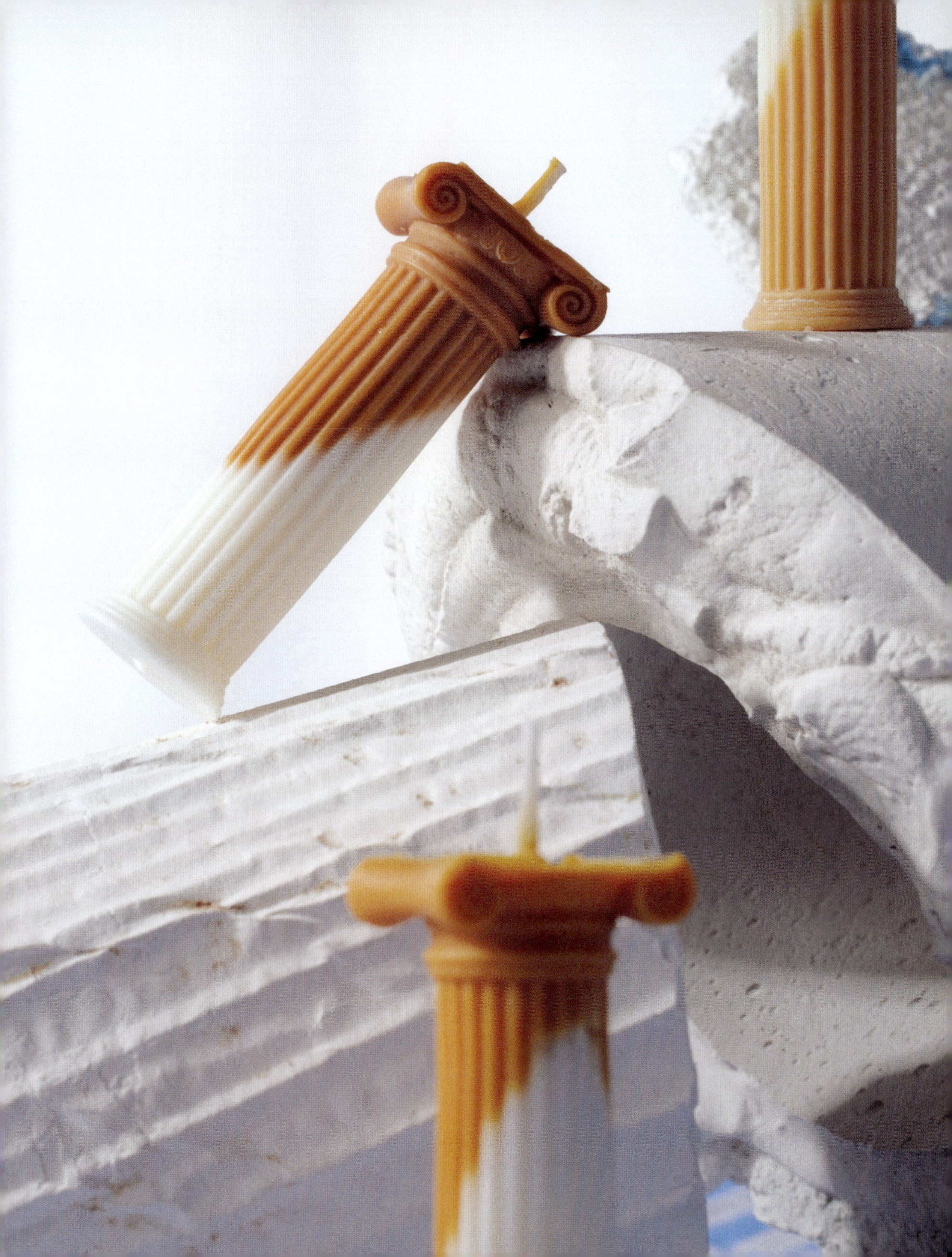

Die Kerze herstellen

BENÖTIGTES MATERIAL

- vorgewachster Docht
- Gießform für eine antike griechische Säule (oder eine beliebige andere Gießform)
- Wachs nach Wahl (wir verwenden Sojawachs, das für Gießformen geeignet ist, mehr dazu auf Seite 16)
- Wachsfarben nach Wahl

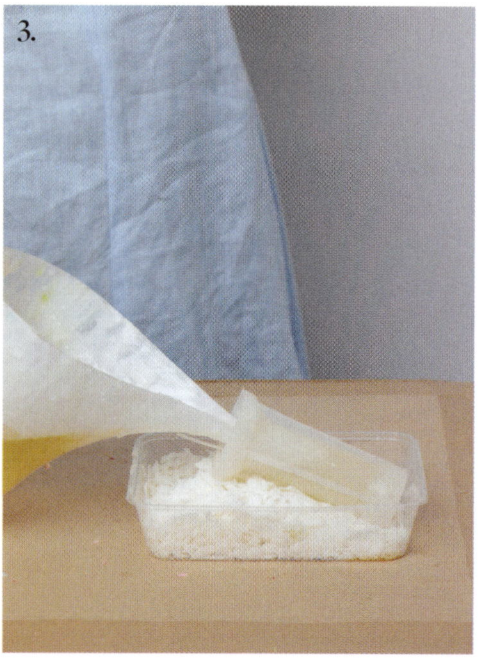

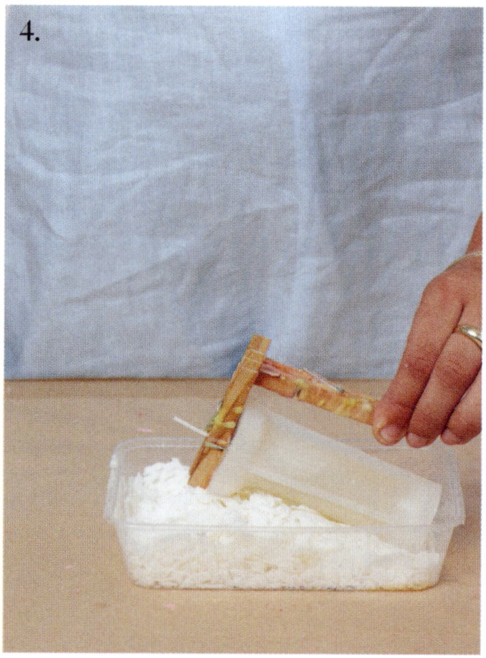

1. Den Docht durch das Loch im Boden der Form stecken und beiseitestellen. Das Wachsgranulat in einen Behälter füllen, dann die Gießform in einem 45-Grad-Winkel in einen mit trockenem Reis oder Wachsgranulat gefüllten Behälter legen.

2. Die Hälfte des für die Kerze benötigten Wachses nach den Angaben auf Seite 21 schmelzen. Die gewünschte Farbe zugeben und gut durchrühren, damit es sich gleichmäßig verteilt. Wir verwenden 1 Tropfen Braun und 1 Tropfen Orange für eine hellbraune Farbe. (Vor dem Eingießen in die Form empfiehlt es sich, etwas Farbe testweise in einen Pappbecher zu geben und kalt werden zu lassen.)

3. Das geschmolzene Wachs in eine Kanne umfüllen und dann langsam in die Form gießen, bis das Wachs gerade eben die Oberkante der Gießform erreicht – durch das schräge Eingießen sollte in der Form genug Platz für eine zweite Farbe bleiben.

4. Stecke zwei Wäscheklammern »L«-förmig zusammen, um sie so auf die Form zu legen, dass der Docht gerade gehalten wird. Drei Stunden fest werden lassen.

5. Wenn die erste Schicht hart geworden ist, die Gießform aus dem Behälter nehmen und aufrecht hinstellen.

6. Die zweite Portion Wachs schmelzen. Soll es gefärbt werden, jetzt die Farbe zugeben. (Wir lassen diesen Teil weiß.) Das geschmolzene Wachs in die Kanne umfüllen und langsam den Rest der Gießform füllen.

7. Den Docht mit einer Wäscheklammer fixieren und erneut drei Stunden fest werden lassen, oder bis das Wachs vollständig abgekühlt ist. Dann vorsichtig die Kerze entformen und schon zeigt sich die schöne diagonale Linie.

Total verdreht

GEWUNDENE TAFELKERZEN

Wenn du ganz normale Tafelkerzen bei dir rumliegen hast, kannst du sie ohne viel Aufwand in kleine Kunstwerke verwandeln. Gedrehte Kerzen herzustellen geht wirklich leicht – man braucht dazu nur heißes Wasser! Ob du die Drehung in der Mitte, oben oder unten, oder über die ganze Länge der Kerze anbringst, liegt ganz bei dir.
Die Kerzen müssen allerdings aus Paraffin sein, anderes Wachs, wie Sojawachs, schmilzt einfach nur. Tafelkerzen aus Paraffin findet man in jedem Supermarkt. Du kannst vorgefärbte Kerzen verwenden oder weiße Kerzen nach dem Drehen – wie auf Seite 80 beschrieben – im Tauchbad einfärben.

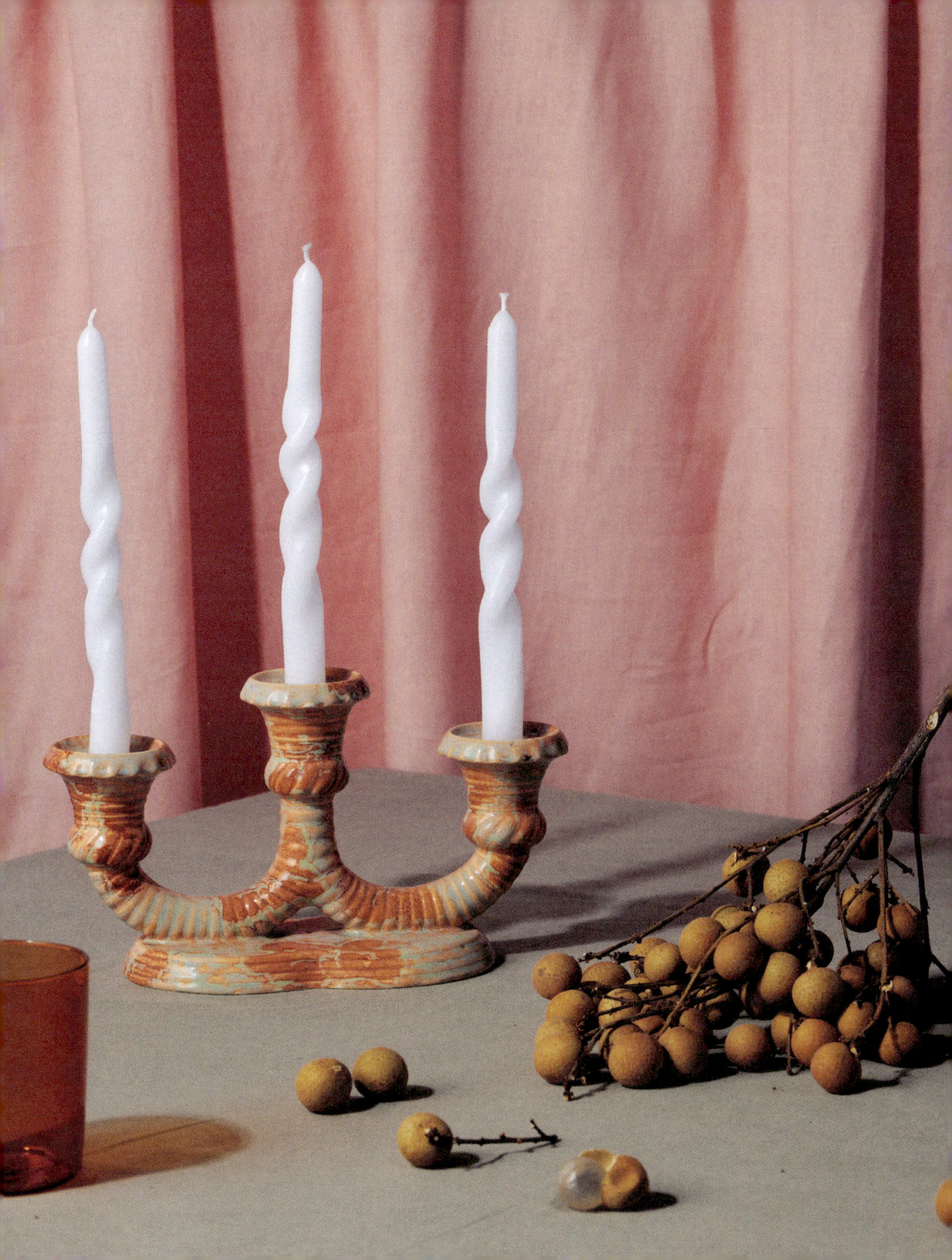

Die Kerze herstellen

BENÖTIGTES MATERIAL

- Tafelkerzen aus Paraffin

In Schritt 3 und 4 muss man rasch arbeiten, bevor das Wachs wieder hart wird. Wenn man mehrere Kerzen macht, kann man sie im Wasser lassen, bis sie an der Reihe sind und verdreht werden können. Wird die Kerze zu schnell hart, einfach zurück ins warme Wasser geben, bis sie wieder weich ist.

3.

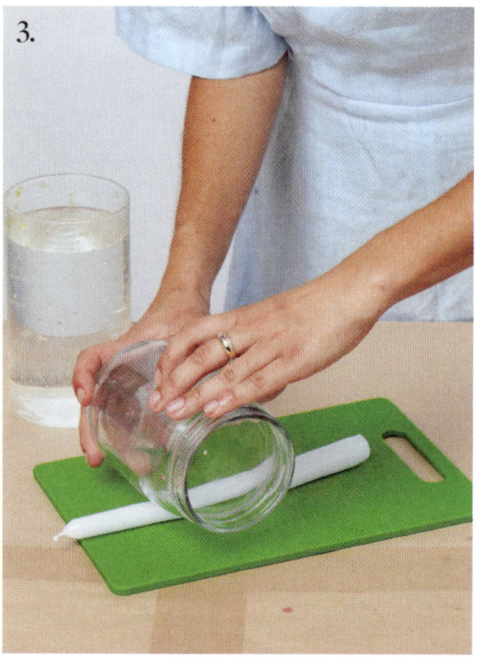

4.

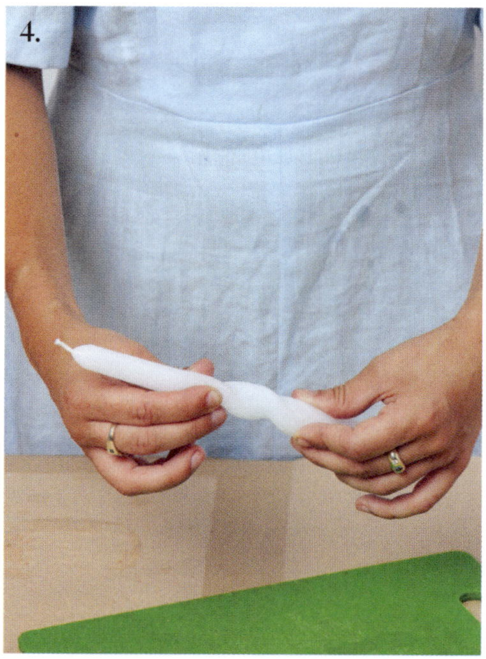

1. Einen Krug oder anderen Behälter von mindestens der Höhe der Kerze mit warmem Leitungswasser füllen. Die Temperatur sollte etwa 65 °C betragen. Ist es heißer, schmilzt die Kerze, also Vorsicht!
2. Die Kerze vollständig in das Wasser eintauchen und 10–15 Minuten darin lassen, oder bis sie sich formen lässt.
3. Die Kerze aus dem Wasser nehmen und mit einem Einmachglas oder mit einer Teigrolle behutsam rollend der Länge nach leicht abflachen, den unteren Teil dabei aussparen, damit er noch in den Kerzenständer passt.
4. Nun den leicht abgeflachten Teil der Kerze verdrehen, bis der gewünschte Effekt erreicht ist. Viel Spaß beim Ausprobieren verschiedener Formen!

FREI STEHENDE U-FÖRMIGE TAFELKERZE

Zunächst Schritte 1 und 2 durchführen, dann die Kerze aus dem Wasser nehmen und mit einem Einmachglas oder mit einer Teigrolle nur das mittlere Drittel der Kerze leicht flach rollen. Dies wird den Boden der frei stehenden Kerze bilden, deshalb ist es wichtig, dass die Stelle flach genug ist, um die Kerzenenden aufrecht zu tragen. Beide Enden der Kerze dort, wo sie von dem runden Teil in den abgeflachten übergeht, in einem 90-Grad-Winkel umbiegen, sodass die Kerze u-förmig wird.

Hier lässt sich gut experimentieren, indem man nur einen kleineren Teil flach rollt und die Kerze in einer runderen Form nach oben biegt – wichtig ist immer, dass die Kerze gut steht. Um die Kerze von beiden Seiten anzuzünden, schneidest du an der einen Seite mit einem Skalpell oder einem Teppichmesser das Wachs weg.

Live und in Farbe

ZWEIFARBIGE TAUCHKERZE

Und hier noch eine Idee, um eventuell zu Hause herumliegende traurige, alte Tafelkerzen aufzupeppen. Du kannst diese Methode aber auch auf deine gedrehten Kerzen anwenden. Wähle ein paar Farben aus und los geht's! Soll es besonders fix gehen, kannst du die Kerze zur Hälfte in eine Farbe tauchen und die andere Hälfte weiß lassen – dann nur die Hälfte vom Wachs schmelzen und nach Schritt 4 aufhören.

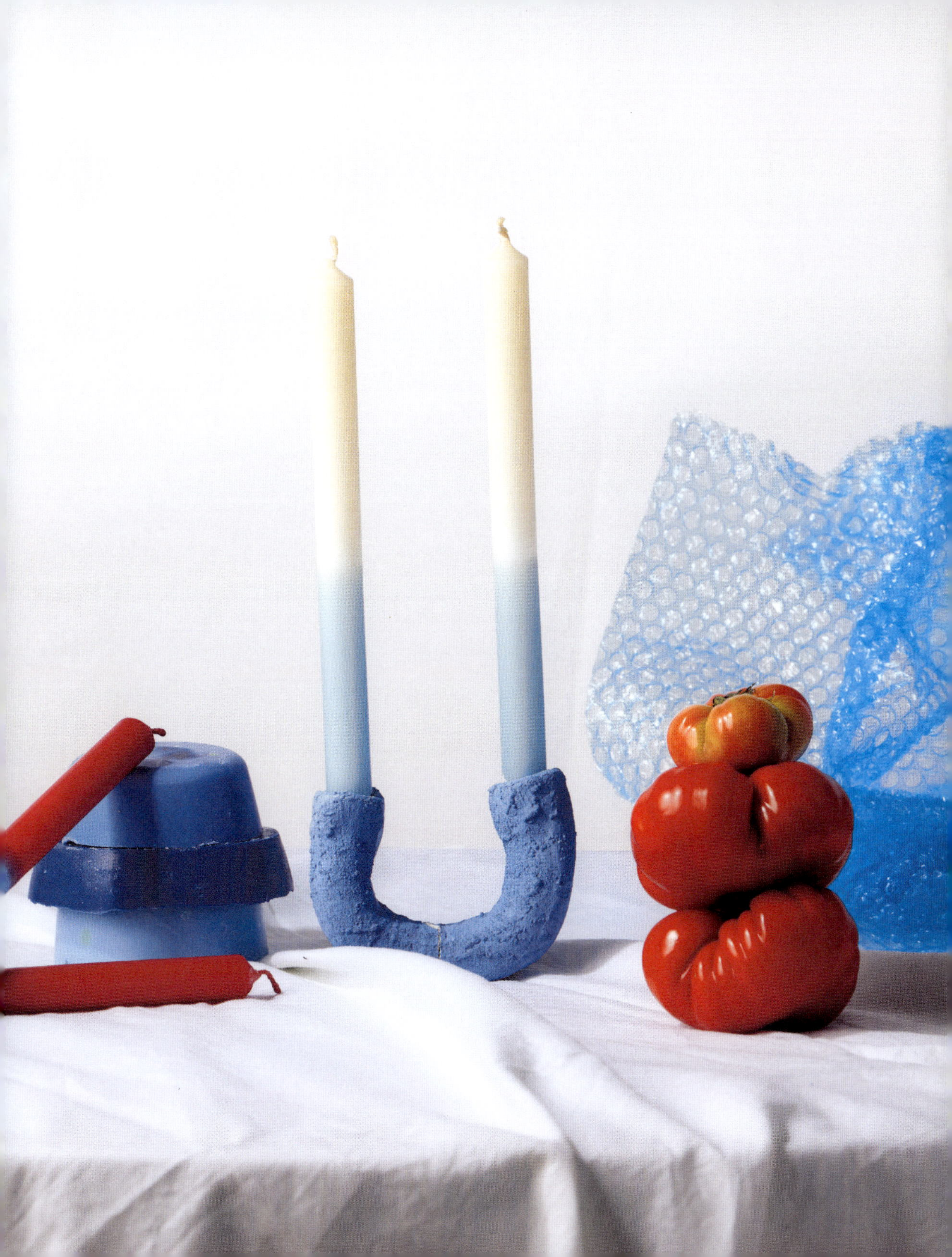

Die Kerze herstellen

BENÖTIGTES MATERIAL

- Wachs nach Wahl (wir verwenden Sojawachs)
- Wachsfarben nach Wahl
- Paraffin-Tafelkerzen

Wenn anstelle von Flüssigfarbe feste Farbchips verwendet werden, muss das Wachs auf dem Herd stehen, während man sie vermischt, damit sie besser schmelzen. Das heißt, man braucht für jede Farbe einen eigenen Schmelztopf.

1. Zwei Gefäße bereitstellen, die hoch genug sind, um die Kerze bis zur Hälfte einzutauchen, und ausreichend Wachs schmelzen, um beide zu füllen (etwa 1 Liter Wachsgranulat). Das Wachs unter Rühren schmelzen, bis es die richtige Temperatur erreicht hat (siehe hierzu Seite 21).
2. Die Hälfte vom Wachs in ein Gefäß gießen. Den Rest im Topf lassen und den Herd ausschalten.
3. Einige Tropfen der gewünschten Farbe zum Wachs geben und gut mischen. Großzügig Farbe nehmen, da mehr Pigmente eine kräftigere Farbe bringen und nicht so viele Tauchgänge erforderlich sind. (Teste die Farben mithilfe einiger Tropfen Wachs in einem Pappbecher.)
4. Die Kerze zur Hälfte oder zu einem Drittel (je nach gewünschter Wirkung) ein paar Sekunden in das Wachs eintauchen und wieder herausnehmen. So oft wiederholen, bis die gewünschte Farbe erreicht ist, dann die Kerze am Wäscheständer aufhängen und kalt werden lassen.
5. Das restliche Wachs in das zweite Gefäß gießen, die zweite Farbe zugeben und gut mischen.
6. Die Kerze nun am anderen Ende halten und Schritt 4 mit der zweiten Farbe wiederholen. Die Farben können sich auch überlappen, um eine dreifarbige Kerze zu erhalten. Oder du lässt einen Spalt frei, dann scheint die weiße Kerze durch. Anschließen die Kerze wieder zum Trocknen aufhängen.

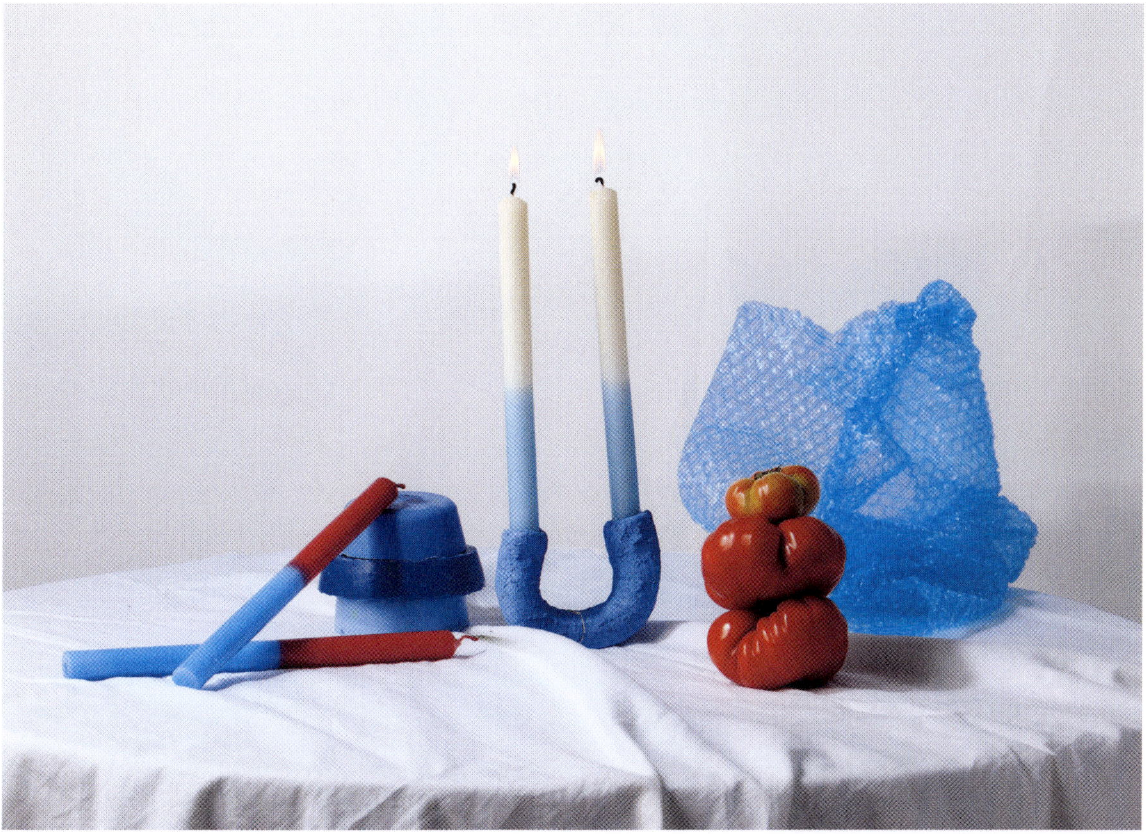

Ahoi!

MUSCHEL-TEELICHTER

Teelichter sind ein Klassiker in der Kerzenwelt. Sie erzeugen eine freundliche und warme Atmosphäre und sehen einfach hübsch aus. Man bekommt sie mittlerweile eigentlich in fast jedem Laden, aber nichts ist besser als »hausgemachte« Teelichter. Die kleinen Behälter kann man wieder und wieder verwenden, das ist so viel besser für die Umwelt. Man kann alle möglichen Gefäße dazu verwenden, auch eine Muschel!

Wir haben diese einfache und doch geniale Idee von unserer lieben Freundin Alice aufgegriffen. Auf dem Tisch für ein Festmahl mit Meeresfrüchten machen sie sich einfach unglaublich gut. Da sie so klein sind, kann man viele davon gleichzeitig machen – sechs genauso gut wie zehn.

Du kannst die Teelichter in Gläser, Krüge oder Keramikgefäße stellen, um sie vor Zug und Wind zu schützen. Besonders gut machen sie sich in farbigen Glasgefäßen, wenn sie so schöne Lichteffekte erzeugen.

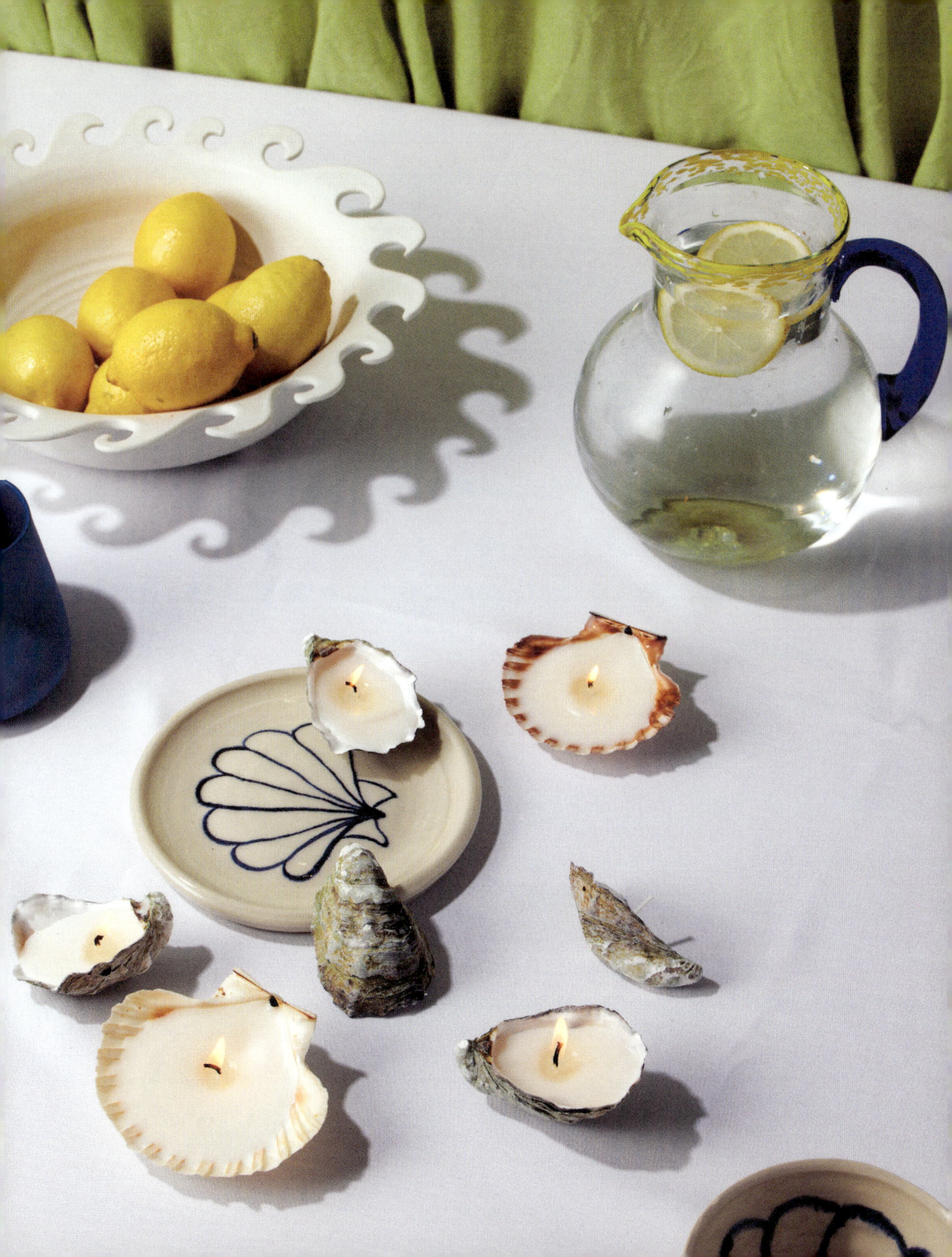

Die Kerze herstellen

BENÖTIGTES MATERIAL

- Austernschalen (oder andere Muscheln oder kleine Gefäße)
- vorgewachster Docht (geeignet für eine kleine Kerze, siehe Seite 22)
- Dochtplättchen (optional)
- Wachs nach Wahl (wir verwenden Sojawachs)
- ätherische Öle nach Wahl (optional)

Muscheln (oder Gefäße) zur Weiterverwendung einfach mit kochendem Wasser übergießen, bis das Wachs sich aufgelöst hat. Dies sollte allerdings draußen und nicht über der Spüle geschehen.

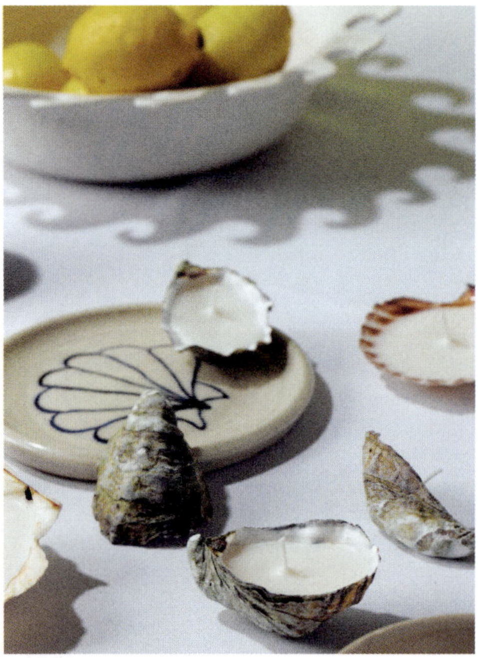

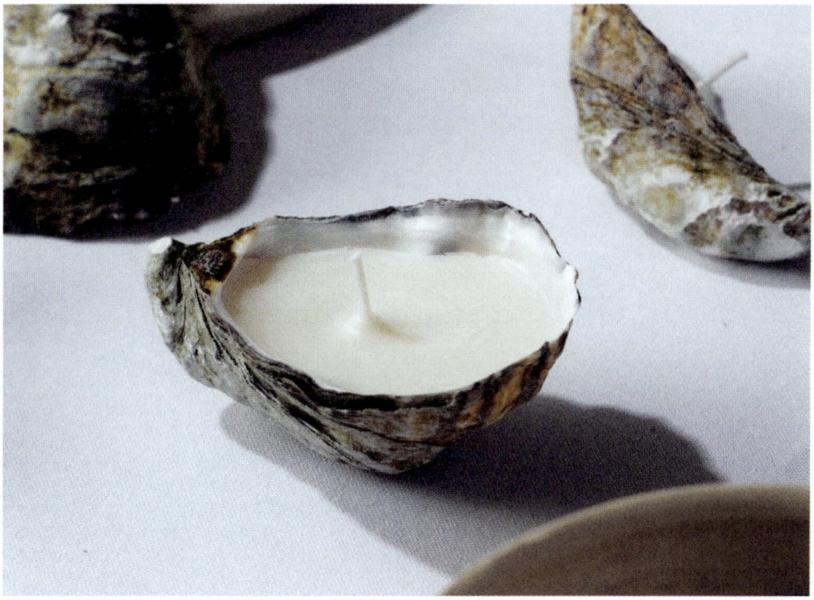

1. Muschelschalen sorgfältig säubern und trocknen – fischig riechen sollten die Kerzen nicht! Wer ätherische Öle verwendet, sollte das Wachs vorab wiegen, um die Menge des Öls zu bestimmen (siehe Seite 49).
2. Die Dochte auf etwa 7 cm Länge zuschneiden. In jede Muschel mit einem Dochtplättchen oder Heißkleber einen Docht so fixieren, dass er schön gerade nach oben zeigt. Die Muscheln in ein Gefäß mit trockenem Reis oder Wachsgranulat legen, damit sie sich beim Eingießen nicht bewegen.
3. Das für die Kerzen benötigte Wachs nach den Angaben auf Seite 21 schmelzen. Viel Wachs braucht man für die kleinen Muscheln nicht. Ist das Wachs leicht abgekühlt, können für duftende Teelichter ätherische Öle zugegeben werden.
4. Das Wachs in eine Kanne umfüllen und vorsichtig in die Muschelschalen gießen. Den Docht mit einer Wäscheklammer oder einer Zentrierhilfe jeweils mittig ausrichten. Eine gute Stunde durchhärten lassen und dann die Dochte entsprechend kürzen.

C'est magique

MARMORKERZE

Jetzt wird es magisch! Es ist ganz einfach, sich mit Nagellack oder Lackfarbe zu Hause berauschende Marmorkerzen herzustellen. Achtung, keine Haftung: Dies gehört zu den chaotischeren Projekten in diesem Buch. Nimm dir also Zeit, den Arbeitsplatz gut vorzubereiten, sonst hast du am Ende überall Nagellack und Farbe verteilt – und die sind nicht so leicht zu entfernen wie Wachs.

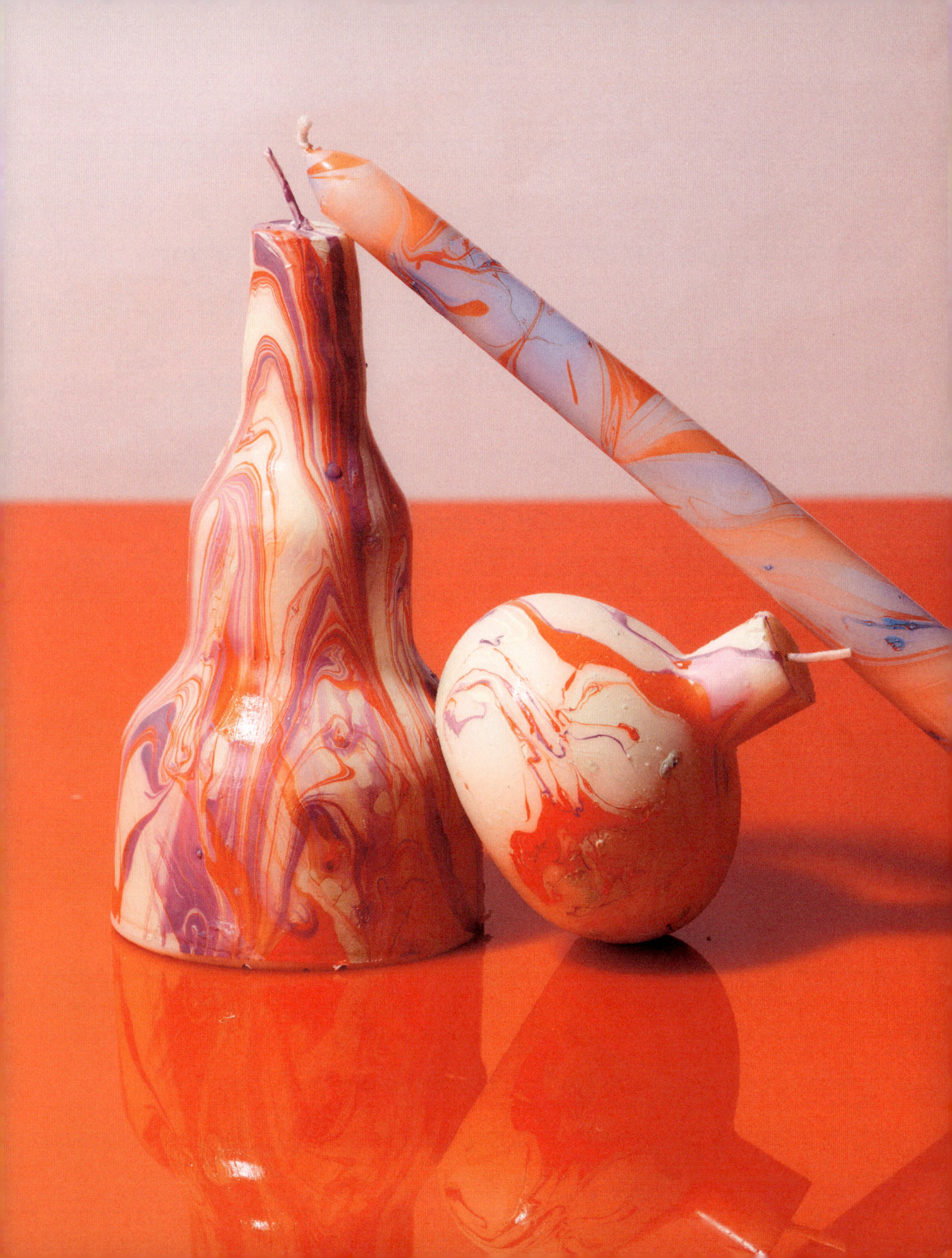

Die Kerze herstellen

BENÖTIGTES MATERIAL

- 1 Grundkerze (wir verwenden eine gegossene Kerze, Spitz- oder Tafelkerzen gehen aber auch)
- 2–3 bunte Nagellacke oder Lackfarben (erhältlich im Kunsthandel)

Nagellack und Lackfarbe können giftige Dämpfe freisetzen und verbreiten einen unangenehmen Geruch. Am besten arbeitet man daher in einem offenen Raum oder sogar draußen. Wer drinnen arbeitet, sollte auf gute Lüftung achten und Fenster und Türen geöffnet halten. Außerdem sollte man zum Schutz vor Farbe Handschuhe tragen und einen Nagellackentferner auf Acetonbasis bereithalten für eventuelle Spritzer.

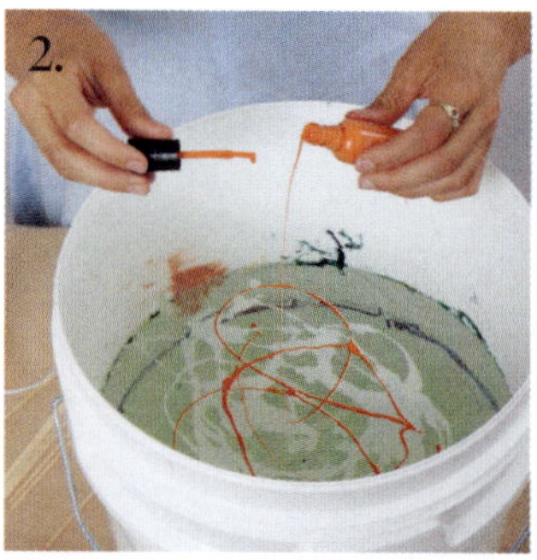

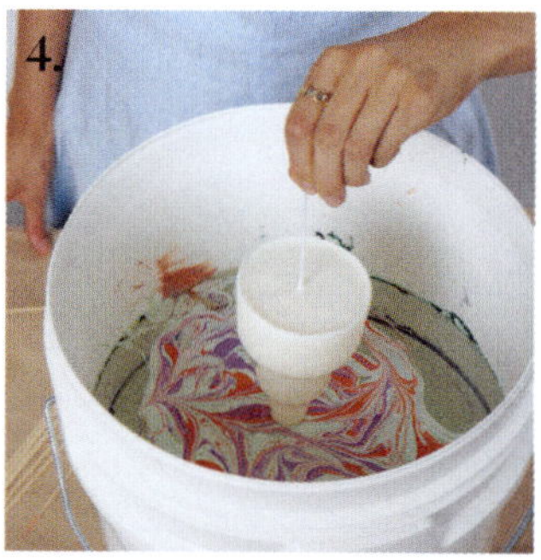

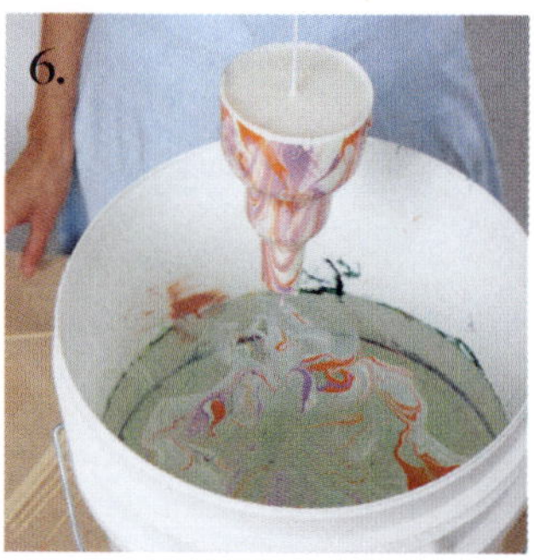

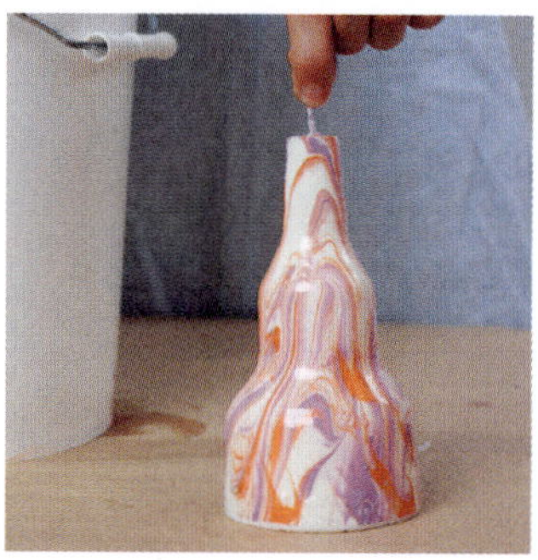

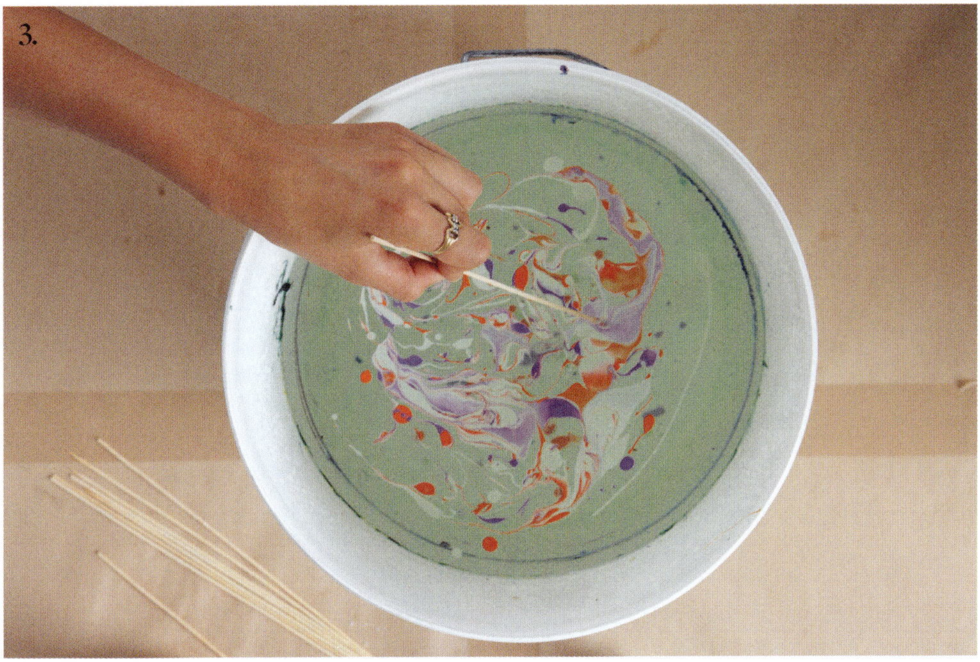

1. Den Arbeitsbereich sorgfältig mit Zeitungspapier oder Pappe auslegen.
2. Einen Eimer oder ähnlichen Behälter mit so viel Wasser füllen, dass die Kerzen ganz darin eingetaucht werden können. Dann 3–6 Tropfen Lackfarbe oder Nagellack in den Eimer geben. Wenn die erste Farbe auf der Wasseroberfläche verlaufen ist, die zweite und gegebenenfalls dritte zugeben.
3. Einen Holzspieß oder Löffel langsam durch die Farbe ziehen, sodass ein Marmoreffekt entsteht.
4. Eine Kerze am Docht festhalten, langsam in den Eimer tauchen und dabei schnelle kreisförmige Bewegungen ausführen. Die Kerze herausnehmen und überschüssiges Wasser abschütteln.
5. Die Kerze aufrecht auf die mit Zeitung oder Pappe ausgelegte Fläche stellen und den Docht an einem Wäscheständer fixieren. Wichtig ist, dass die nasse Kerze völlig frei steht und nichts berührt. Eine Stunde trocknen lassen. Auf dieselbe Weise können beliebig viele weitere Kerzen marmoriert werden. Vorab jeweils mit Wattebäuschen oder Küchenpapier die alte Farbe vom Wasser abziehen.

Heiß wie ein Vulkan

KERZE MIT VERSTECKTEN FARBEN

Wenn Kerzen fast wie Kunstwerke aussehen, brennt man sie oft gar nicht so gern ab und lässt sie lieber dekorativ auf dem Kaminsims stehen. Anders bei dieser Kerze! Hier geht es darum, dass sie erst beim Abbrennen ihre Wirkung entfaltet. Von außen ganz weiß, birgt diese Kerze geheime Würfel aus kräftigen Farben, die sich in einer farbenfrohen Explosion nach draußen ergießen wie Lavaströme, während die Kerze ihre Form verändert. Jede Kerze ist ein absolutes Unikat, das sich erst beim Abbrennen enthüllt. Ein Hit, wenn man Gäste hat.

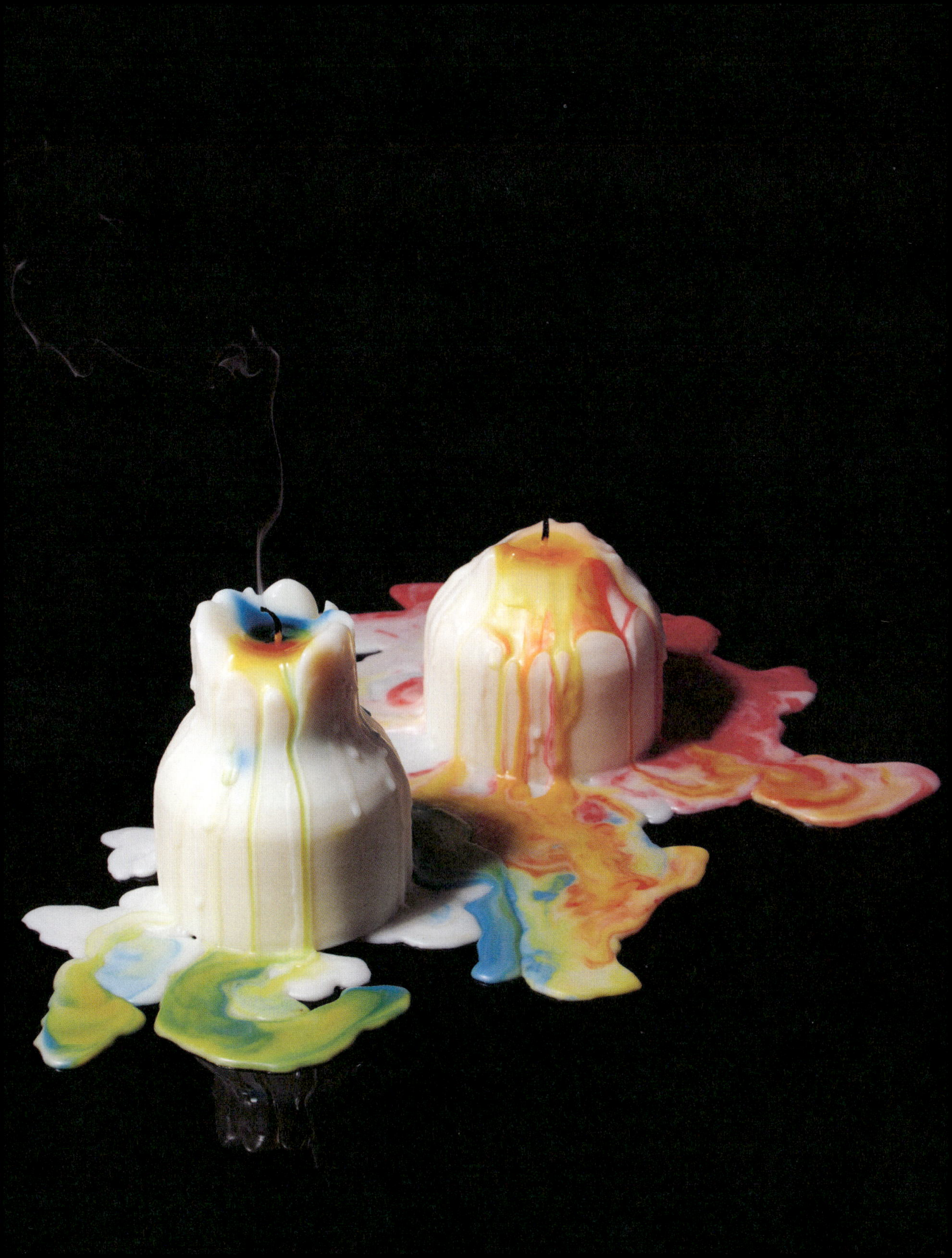

Die Kerze herstellen

BENÖTIGTES MATERIAL

- Sojawachs (weil es die Form verändert und wie Lava tropft)
- flüssige Wachsfarben nach Wahl (Flüssigfarben sind für dieses Projekt besser geeignet als feste Farben, da man sie nach dem Schmelzen des Wachses in getrennten Gefäßen mischen kann)
- Eiswürfelbehälter aus Silikon (für kleine Würfel, die gut in die Gießform der Kerze passen)
- vorgewachster Docht
- Gießform nach Wahl (wir verwenden unsere Dante-Kerzenform, benannt nach dem Filmvulkan Dante's Peak, weil sie wie ein richtiger Kerzenvulkan tropft und sich verformt)

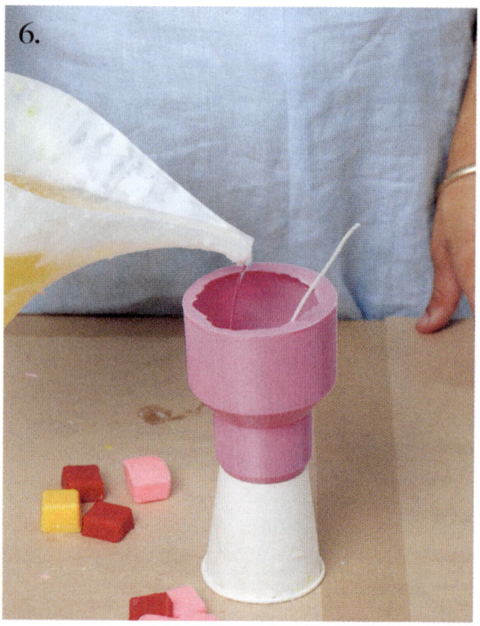

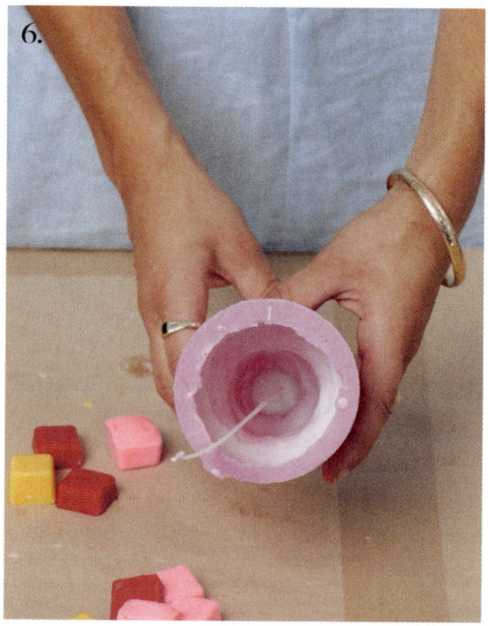

1. Eine kleine Menge (etwa 2 Messbecher) Sojawachs unter Rühren auf die entsprechende Temperatur schmelzen (siehe Seite 21), dann in eine Kanne gießen.
2. Pappbecher oder andere kleine Gefäße in der Zahl der gewünschten Farben bereitstellen und das geschmolzene Wachs gleichmäßig darauf verteilen.
3. In jeden Becher ein paar Tropfen Wachsfarbe geben und gut untermischen. Die Farbpigmente sollten recht kräftig sein, aber je nach Farbe reichen ein oder zwei Tropfen pro Becher.
4. Mit jedem der gefärbten Wachse nun einige Mulden des Eiswürfelbehälters füllen. Du wirst vielleicht nicht alle Farbwürfel auf einmal brauchen, aber sie können gut bis zum nächsten Mal aufbewahrt werden. Etwa zwei Stunden gut durchhärten lassen, dann aus den Mulden drücken und beiseitestellen.
5. Ausreichend Sojawachs für die gewählte Gießform unter Rühren vollständig schmelzen lassen.
6. Den Docht durch das Dochtloch in die Form ziehen, dann etwas ungefärbtes Wachs in die Form gießen und diese schwenken, damit es sich an den Seiten der Form verteilt. So entsteht die weiße Außenseite der Kerze. Das Ganze ein paar Mal wiederholen, bis die Form innen überall von einer dünnen Schicht Wachs überzogen ist.
7. Nun die gefärbten Wachswürfel in der Form unterbringen (gegebenenfalls kleiner schneiden). Überlege dir, wie die Kerze schmelzen soll – sollen die Farben sich verbinden, dann lege sie nebeneinander in die Form (so wird bei uns etwa aus Gelb und Pink beim Schmelzen Pfirsichfarben). Möchtest du lieber einzelne kräftige Farben, dann staple sie in unterschiedlicher Höhe übereinander.
8. Über die gefärbten Wachswürfel nun erneut ungefärbtes Wachs in die Form gießen. Je nach Größe der Gießform kann man Wachswürfel und weißes Wachs in mehreren Stufen schichten – unsere Kerze ist in zwei Stufen gemacht, da die Form recht hoch ist und wir zwischen den Farben etwas Abstand halten wollten.
9. Wenn die Form voll ist, wird der Docht mit einer Wäscheklammer oder einer Zentrierhilfe fixiert. Die Kerze etwa vier Stunden fest werden lassen, bis sie vollständig durchgehärtet ist, und dann entformen.

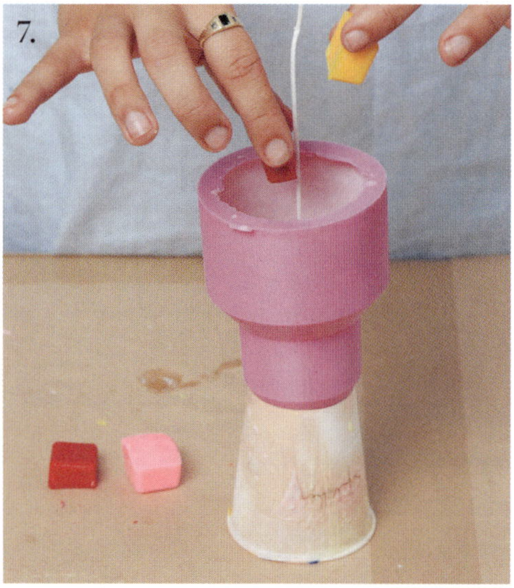
7.

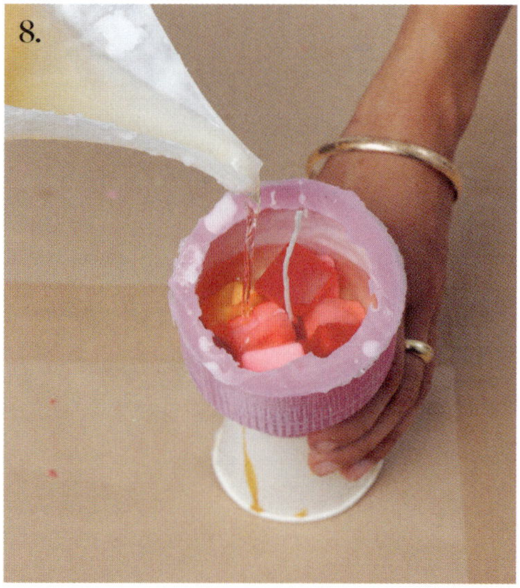
8.

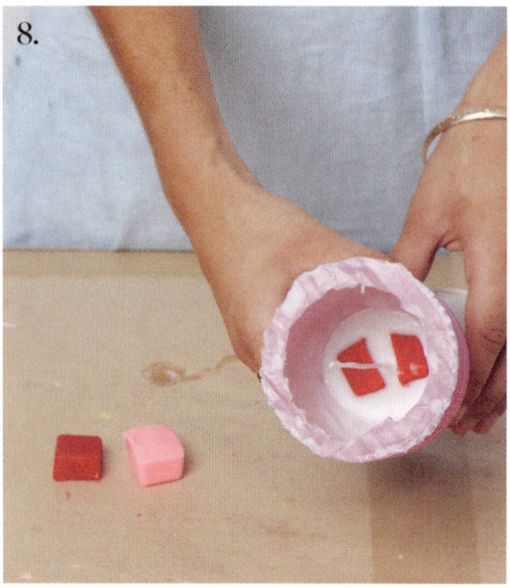
8.

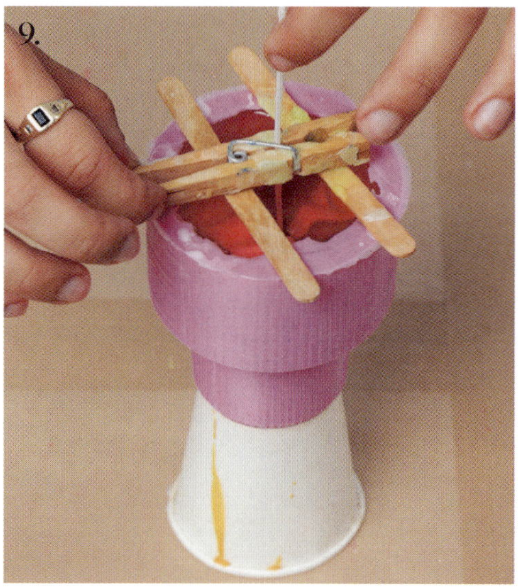
9.

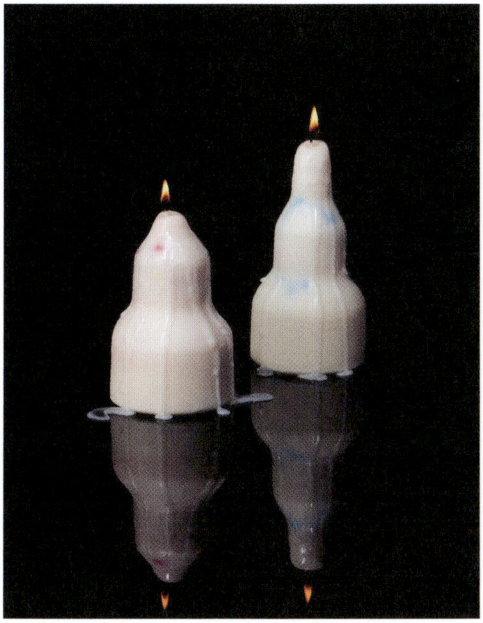

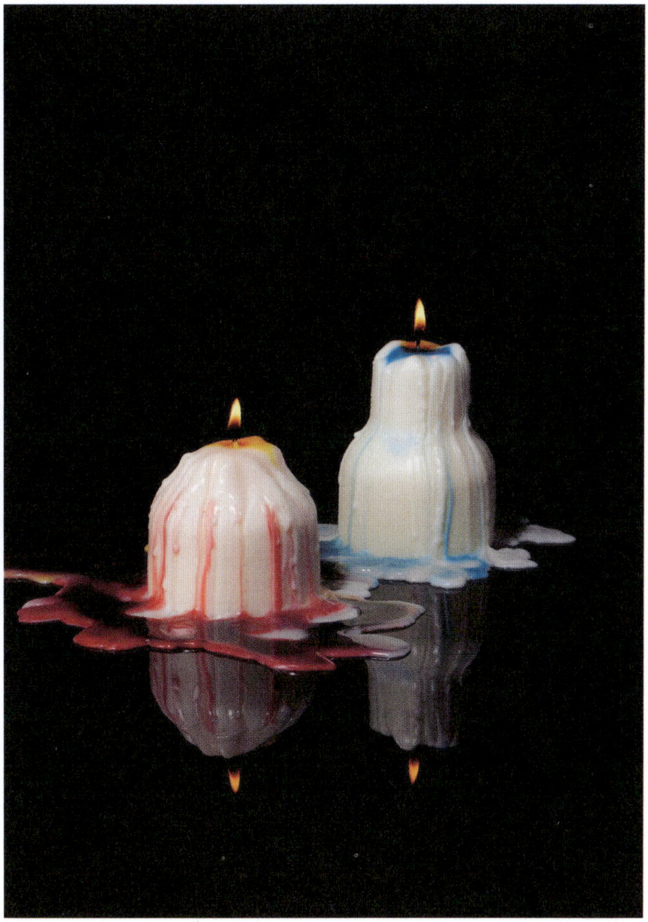

Zwanglos

BATIKKERZE

Mit dieser Kerze machen wir eine Zeitreise zurück in die 1960er-Jahre. Wer hätte nicht gerne ein bisschen Batik im Leben? Im Schein dieser Batikkerze fühlst du dich nach Woodstock ins Jahr 1969 zurückversetzt und hörst die Songs von Janis Joplin mit ihrer rosa Sonnenbrille. Für dieses Projekt eignen sich Kerzen in jeglichen Farben und Formen. Wir verwenden eine weiße Grundkerze, weil sie die Batikfarben besser zur Geltung bringt, man kann aber auch eine gefärbte Kerze in einem hellen Farbton nehmen und für das Batiken eine Komplementärfarbe verwenden. Alles ist möglich!

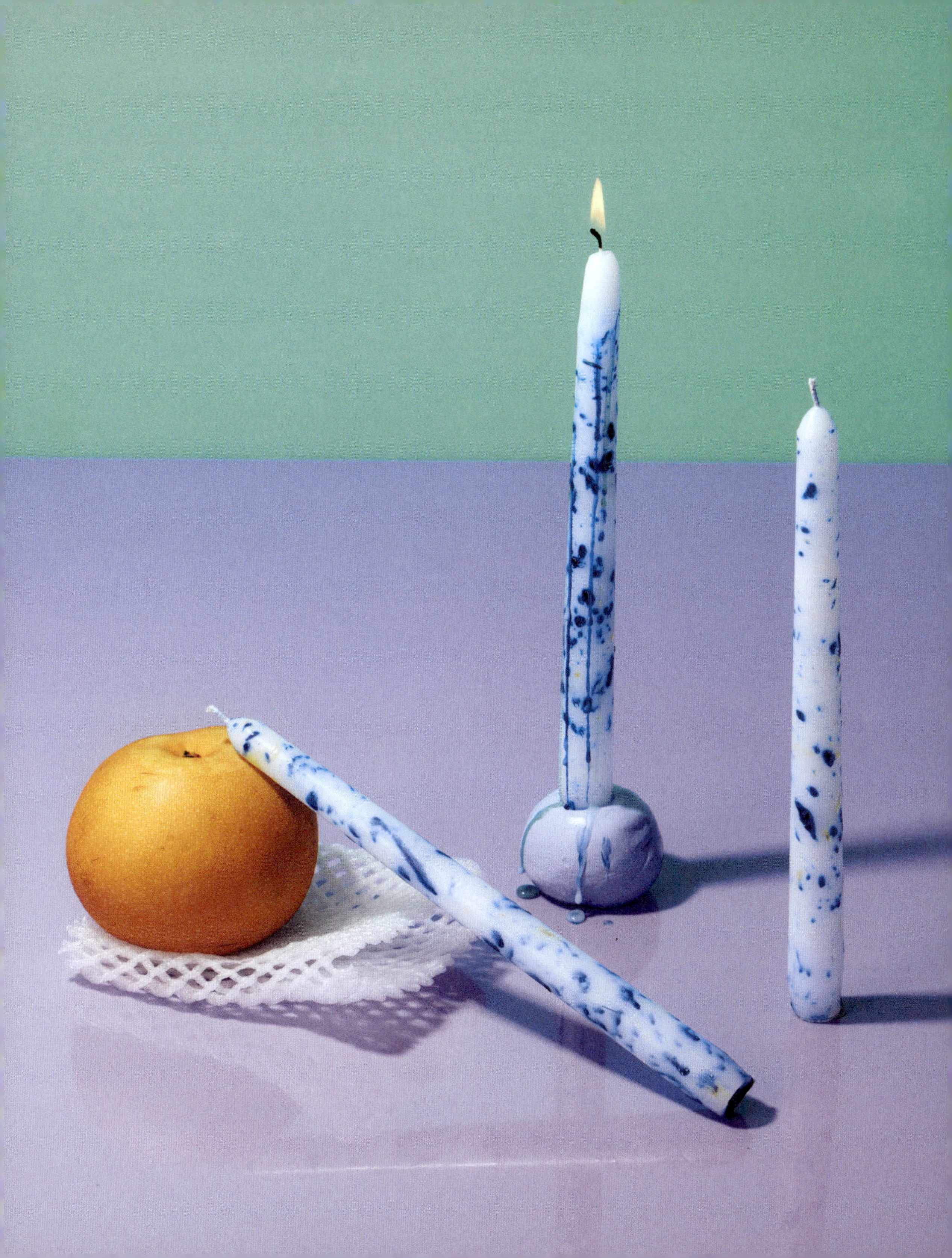

Die Kerze herstellen

BENÖTIGTES MATERIAL

- feste Wachsfarben nach Wahl
- eine Grundkerze

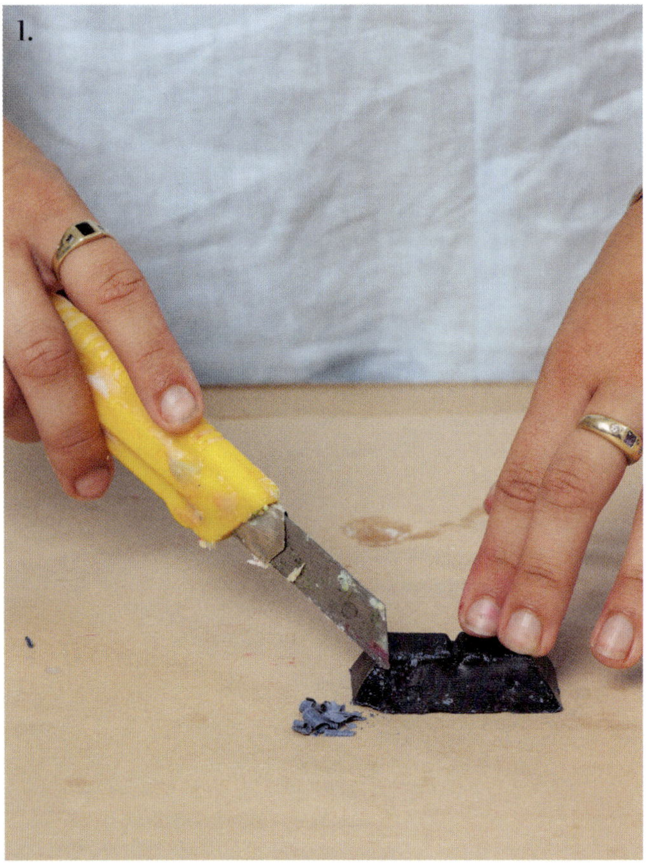

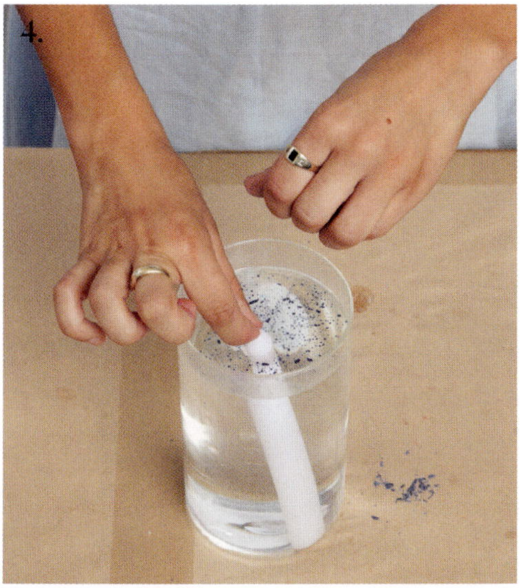

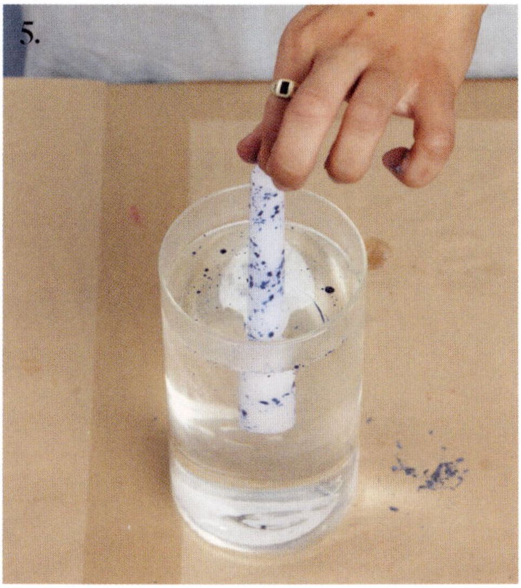

1. Mit einem Skalpell oder einem Teppichmesser etwa einen Teelöffel Farbe abhobeln und beiseitestellen.
2. Einen Behälter oder ein Einmachglas in der Höhe der Kerze mit kochendem Wasser, und einen zweiten, ähnlichen Behälter mit kaltem Wasser füllen.
3. Die Oberfläche des heißen Wassers mit einer Prise Farbspänen bestreuen. Die Farbe wird schmelzen und sich auf der Wasseroberfläche absetzen. Probiere ein bisschen aus und verteile die Farbe an unterschiedlichen Stellen, das verändert die Art der Färbung der Kerze.
4. Die Kerze nun am Docht festhalten, ganz in das heiße Wasser eintauchen und gerade wieder herausziehen. Die Farbpartikel auf der Oberfläche bleiben an der Kerze haften und erzeugen einen Batikeffekt.
5. Anschließend die Kerze in das kalte Wasser eintauchen, damit die Farbe fest wird.
6. Diese Schritte (mit derselben Farbe oder mit unterschiedlichen) so lange wiederholen, bis dir das Ergebnis gefällt. Die Kerze zum Trocknen an einem Wäscheständer aufhängen.

Retro-Design

KERZEN MIT WACHSPLATTENDEKOR

Wachsplatten sind eine tolle Sache zum Dekorieren gekaufter oder auch einfacher selbst gemachter Kerzen. Das Verfahren macht wirklich Spaß, denn man kann seiner Fantasie freien Lauf lassen, indem man geometrische Muster, Umrisse oder auch dreidimensionale Formen bildet (siehe Seite 104).

Dieses Streifendesign ist sehr einfach umzusetzen und sieht auf einer geraden Kerze ebenso gut aus wie auf einer ungewöhnlich geformten, zum Beispiel hier auf unserer Dante-Kerze. Es ist ein toller Effekt, wenn beim Abbrennen die Streifen schmelzen und immer breiter verlaufen.

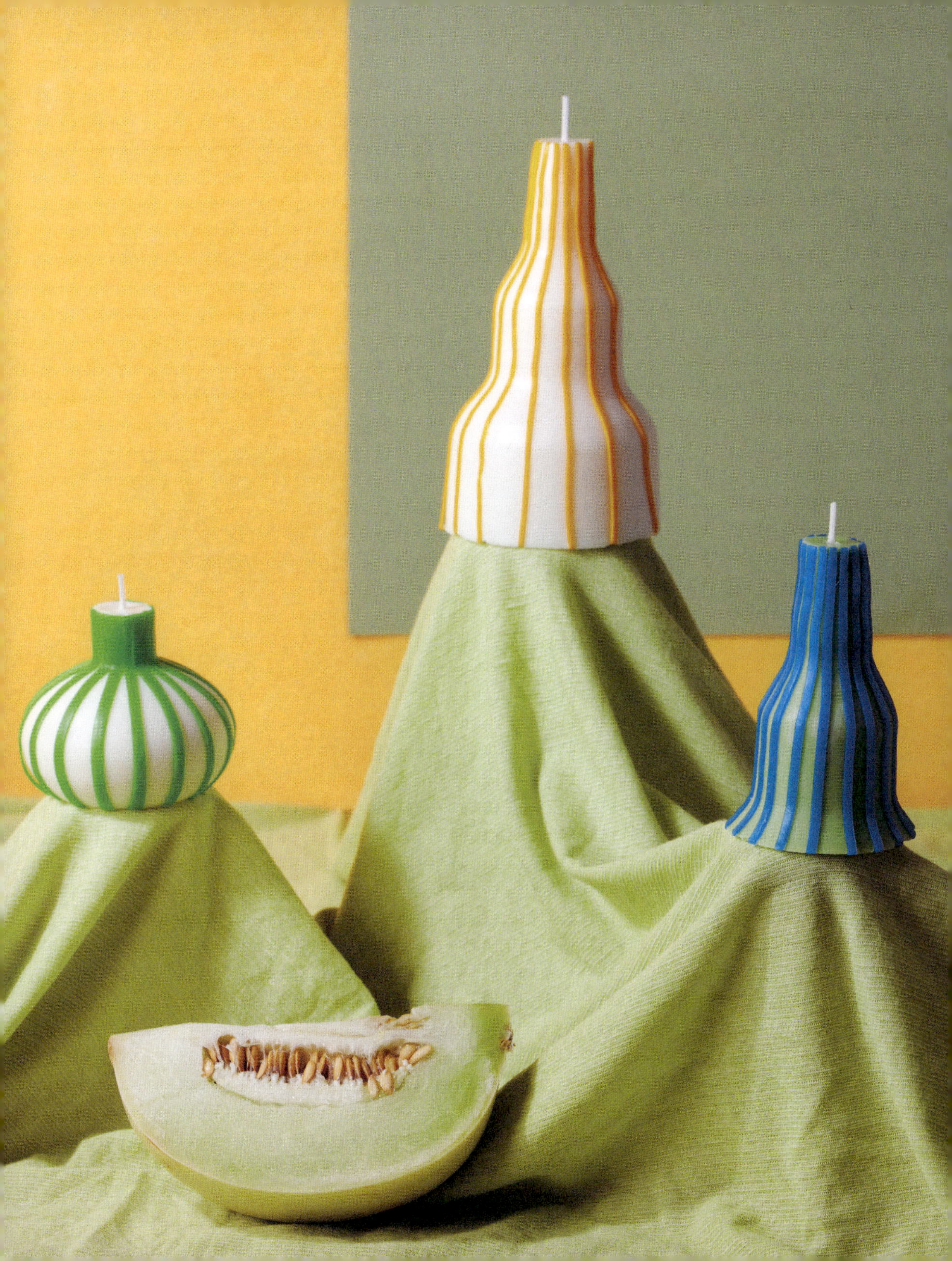

Die Kerze herstellen

BENÖTIGTES MATERIAL

~ Wachsplatten in beliebigen Farben (wir nehmen gern die von Stockmar, die online zu beziehen sind)

~ eine Grundkerze

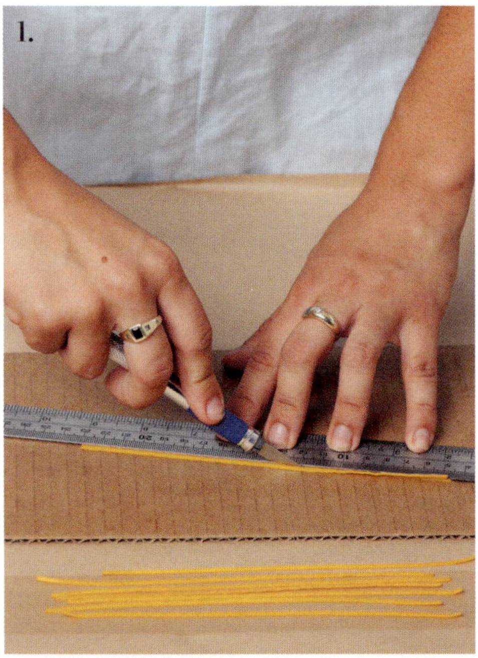

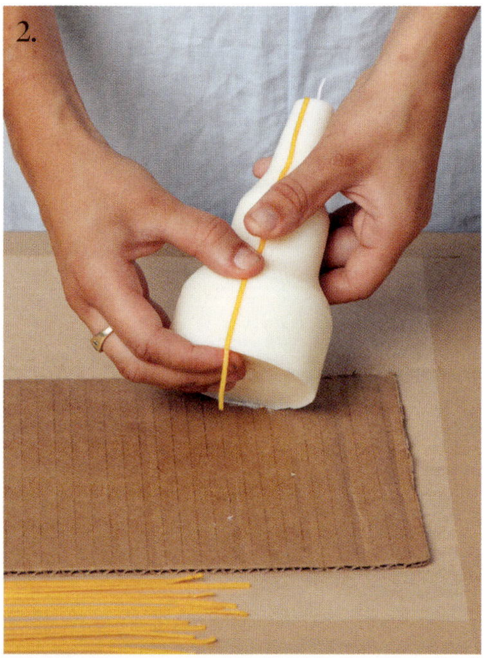

1. Auf einem Schneidebrett mithilfe eines Lineals und eines Teppichmessers oder Skalpells etwa 5 mm breite Streifen in der Länge der Kerze ausschneiden. (Bei einer Kerze, deren Oberfläche nicht gerade ist, kann die Länge mithilfe eines Stücks Kordels gemessen werden, das man zuerst über die Kerzenoberfläche legt und dann ans Lineal. Im Zweifel einfach etwas Länge zugeben; wenn nötig, kann dann vom Boden einfach etwas Wachs abgeschnitten werden.) Das schönste Ergebnis erhält man mit gleichmäßigen Streifen.
2. Wachsplatten lassen sich am besten verarbeiten, wenn sie ein bisschen weich sind, daher kurz zwischen den Händen leicht anwärmen. Wenn die erforderlichen Wachsstreifen ausgeschnitten sind (wir benötigen hier zehn), den ersten Wachsstreifen sauber senkrecht auf der Kerze anlegen und mit den Fingern andrücken, bis er auf der gesamten Länge haftet.
3. Die Kerze umdrehen und Schritt 2 auf der gegenüberliegenden Seite wiederholen, damit sich die Streifen spiegeln.
4. Nun die Streifen gleichmäßig rings um die Kerze verteilen, bis dir das Ergebnis gefällt. Falls nötig, zusätzliche Streifen schneiden.

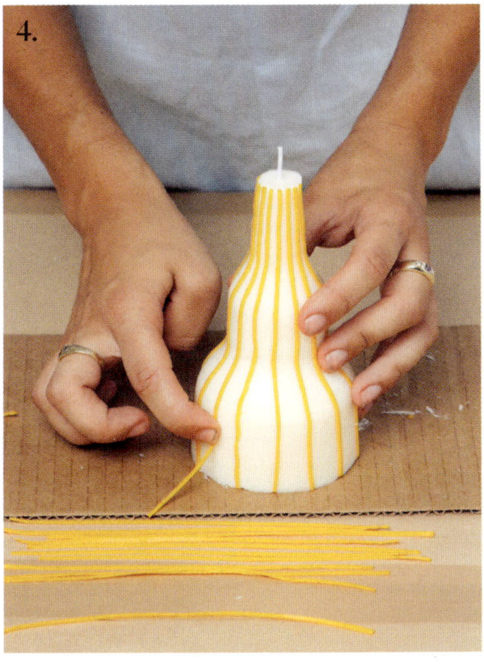

TI AMO

Wachsplatten sind wunderbar vielseitig, die unterschiedlichsten Muster lassen sich damit kreieren. Wir dekorieren oft weiße Kerzen mit vielen kleinen Herzen, aber auch Blüten, Wolken, Sterne und Früchte machen sich gut. Oder man gestaltet ein einfaches Bild, etwa mit einer Sonne am Himmel und dem Meer darunter. Dazu mit einem feinen Bleistift die Formen auf die Rückseite der Wachsplatten vorzeichnen und diese mit einer kleinen Nagelschere ausschneiden. Die Stücke dann mit den Fingern auf die Grundkerze drücken, bis sie haften.

Der Garten Eden

DREIDIMENSIONALE BLUMENKERZE

Auf unserer Reise durch Mexiko haben wir überall Ausschau gehalten nach den besonders filigranen Blumenkerzen, wie man sie in Oaxaca macht. Irgendwo schauten wir dann eines Tages in einem Laden zufälligerweise nach oben, wo die ganze Decke davon voll hing. Wir hätten sie am liebsten alle nach Hause mitgenommen, aber dann hätten wir wohl unsere Freunde dort lassen müssen.
Dies ist eine Variante jener Kerzen, die man gut zu Hause mit Wachsplatten herstellen kann. Das Ganze ist zwar eine etwas knifflige Angelegenheit, aber durch die Verwendung von Wachsplatten zur Verzierung der Kerzen lässt sich ein 3-D-Effekt erzielen. Bei den Blüten und Blättern kann man nach Belieben mit verschiedenen Formen experimentieren.

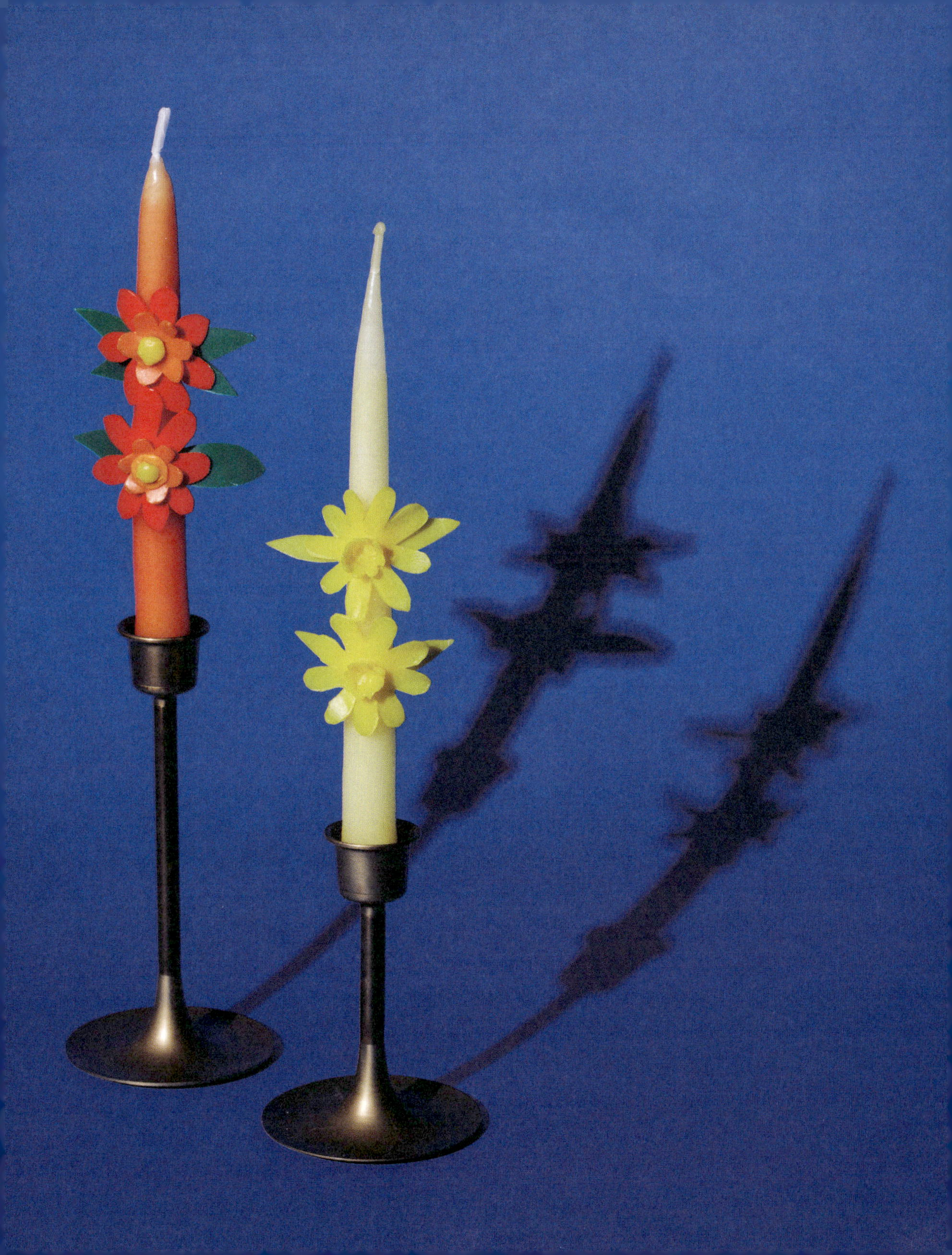

Die Kerze herstellen

BENÖTIGTES MATERIAL

- Wachsplatten in beliebigen Farben
- eine Grundkerze

Sollten die Blüten nicht gut auf der Kerze haften, ist eventuell das Wachs nicht warm genug. Die Wachsstücke sollten immer zwischen den Händen angewärmt werden, bevor sie auf der Kerze fixiert werden. Alternativ vor der Heizung arbeiten. Wenn das alles nicht hilft, nimm kleine Stecknadeln und befestige die ganze Blüte damit an der Kerze.

1. Mit einem feinen Filzstift oder einem Bleistift die Formen auf den Wachsplatten vorzeichnen. Wir haben für jede Kerze zwei Blumen gemacht, jeweils aus einer größeren und einer kleineren Blütenform, zwei Blattformen und einem Kreis in der Mitte. Du kannst verschiedene Farben für jede Form nehmen oder alle in einer Farbe machen. Wenn alle Blüten genau gleich sein sollen, kannst du dir eine Schablone für die Blüten und Blätter machen.

2. Die Formen mit einer kleinen Nagelschere, einem Teppichmesser oder einem Skalpell ausschneiden.

3. Die größere Wachs-Blütenform in die Hand nehmen und mit den Fingern leicht auswölben, damit sie etwas abstehen. Das Wachs in der Hand erwärmen, dann die Mitte der Blüte fest auf die Kerze drücken. Durch den Druck und die Wärme der Finger sollte das Wachs haften.

4. Die beiden Blätter zwischen der großen Blütenform und der Kerze einstecken, leicht einklemmen und dann vorsichtig andrücken, bis sie fest sitzen.

5. Das runde Mittelstück in die Mitte der kleineren Blütenform drücken, bis es haftet. Dann für den inneren Teil der Blume die kleinere Blütenform in der Handfläche leicht zu einer Mulde formen. Diese nun in die Mitte der größeren Blütenform drücken und fertig ist die Blume.

Colour Blocking

BEMALTE KERZE

Eine wunderbare Art, einfache gekaufte Kerzen aufzupeppen, ist, sie von Hand anzumalen. Sie sind auch ideal als Thema für Mottopartys oder als Geschenk. Überlege dir vorab dein Design. Besonders reizvoll wirken oft kontrastierende Farben. Sich wiederholende Motive sind bei diesem Projekt das A und O und Papierschablonen können dabei sehr hilfreich sein – man kann dafür auch eigene entwerfen und mit Malerkrepp befestigen.

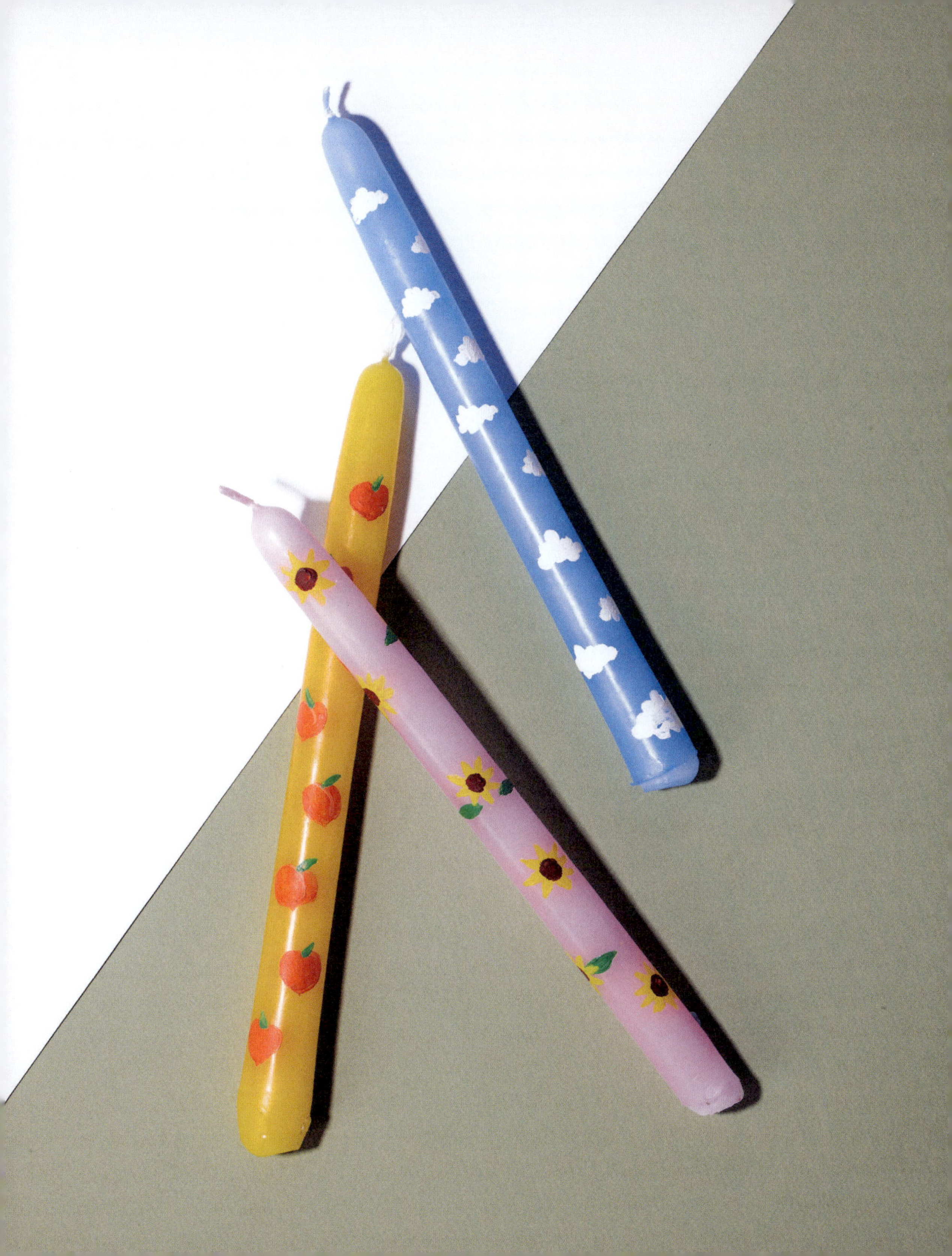

Die Kerze herstellen

BENÖTIGTES MATERIAL

- eine Grundkerze (wir verwenden Paraffinkerzen, aber auf anderen Kerzen sieht es auch gut aus)
- Nagellackentferner und Wattepads
- feiner Pinsel
- Acrylfarbe in beliebigen Farben

Kerzen mit Acrylfarben zu bemalen ist ungefährlich, wichtig ist aber, die Kerze nur an der Außenseite zu bemalen – nicht um den Docht herum. Die brennende Kerze sollte man wie immer gut im Auge behalten. Bei dieser Methode sollte man nicht zu viel Farbe auftragen, um Brandgefahr zu vermeiden. Vor dem Anzünden der Kerze unbedingt eine oder zwei Stunden warten, damit die Farbe vollständig trocken ist.

1. Zunächst die Kerze mit Nagellackentferner und Wattepads reinigen.
2. Lasse beim Malen am oberen Rand der Kerze mindestens 1 cm frei. Du kannst deiner Fantasie freien Lauf lassen. Unsere Kerzen sind hier mit Sonnenblumen bemalt (mit Gelb, Grün und Braun auf einer Kerze in Rosa), mit Pfirsichen (Orange und Grün auf gelber Kerze) und mit Wolken (Weiß auf blauer Kerze). Du kannst aus Papier eine Schablone herstellen, wenn das Gemalte immer gleich aussehen soll.
3. Die Kerze an einem Wäscheständer aufhängen und die erste Schicht vollständig trocken werden lassen, bevor gegebenenfalls eine zweite oder dritte Schicht aufgetragen wird. Der Pinsel sollte vor der Verwendung einer anderen Farbe gründlich ausgewaschen werden.

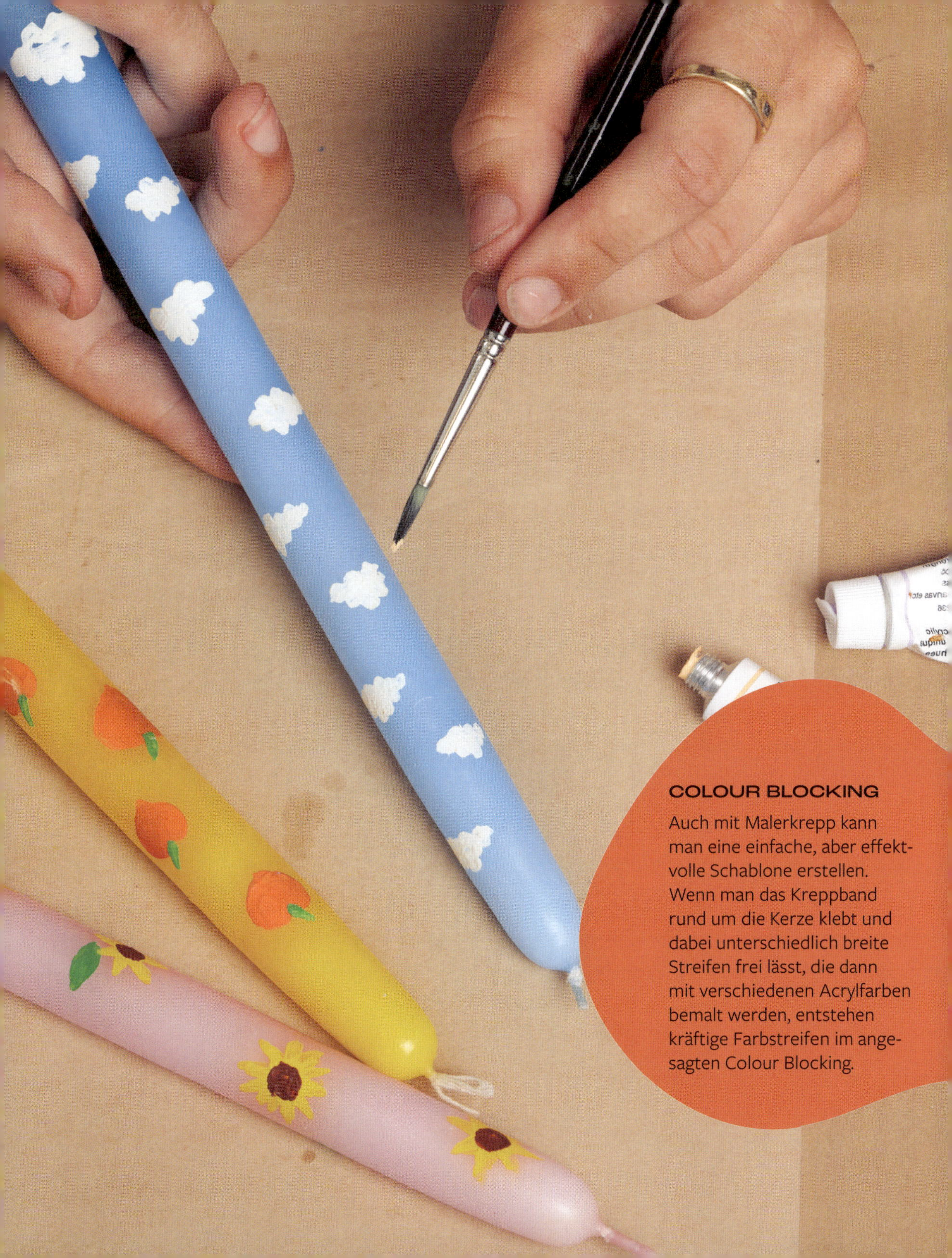

COLOUR BLOCKING

Auch mit Malerkrepp kann man eine einfache, aber effektvolle Schablone erstellen. Wenn man das Kreppband rund um die Kerze klebt und dabei unterschiedlich breite Streifen frei lässt, die dann mit verschiedenen Acrylfarben bemalt werden, entstehen kräftige Farbstreifen im angesagten Colour Blocking.

Schale 2.0

MEHRDOCHTKERZE

Hast du eine Schale, die du einfach magst und immer im Sichtfeld haben willst? Dies ist das ideale Projekt, um deiner Lieblingsschale eine zweite Funktion zu verleihen: Du verwandelst sie in eine Mehrdochtkerze, die dann zu jeder Gelegenheit angezündet werden kann. Die schönsten Mehrdochtkerzen sind uns in weiten, flachen Schalen gelungen.

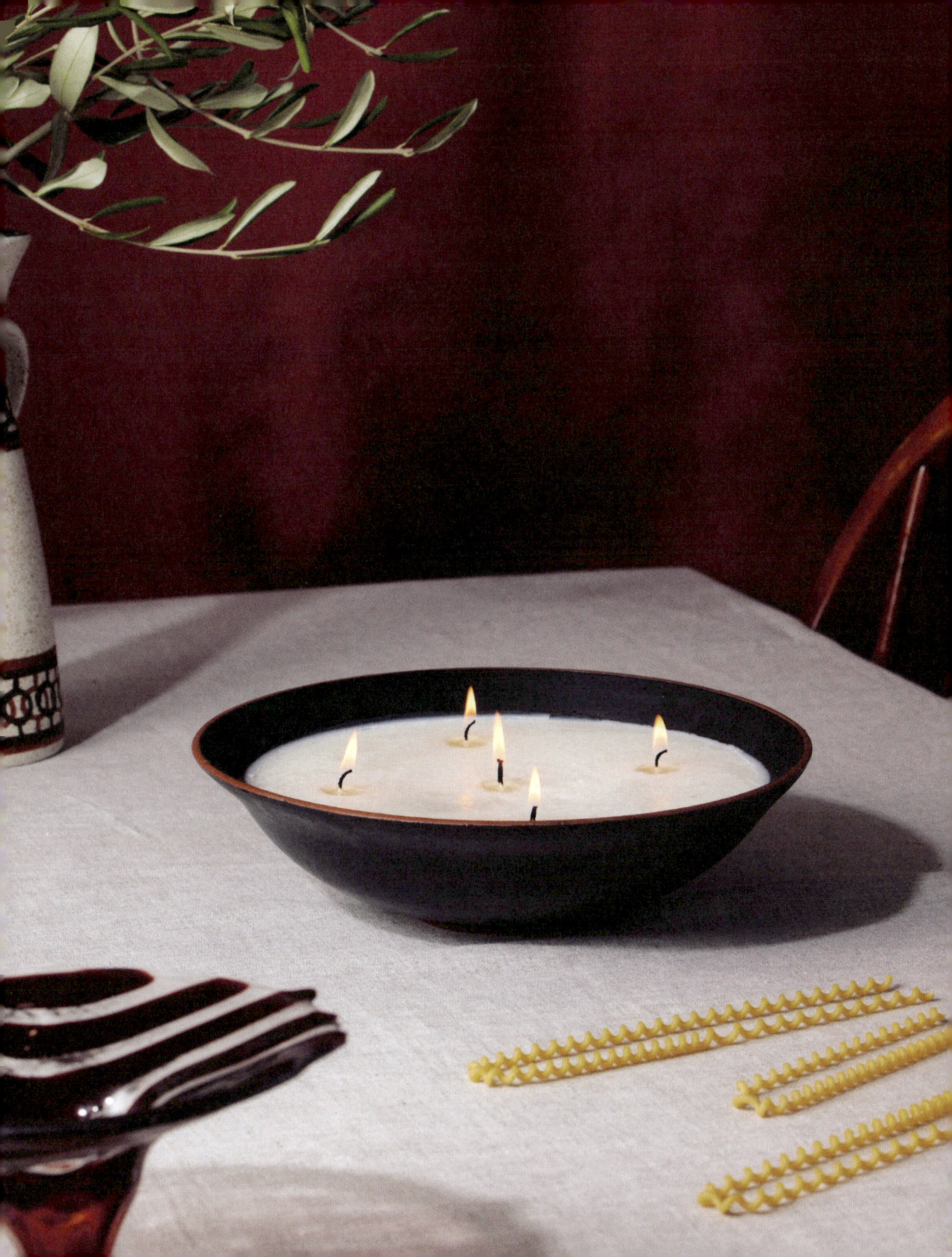

Die Kerze herstellen

BENÖTIGTES MATERIAL

- 3–6 vorgewachste Dochte, je nach Größe der Schale
- Keramikschale oder eine andere hitzebeständige Schale
- Lineale oder Pappstreifen, die breiter sind als der Durchmesser der Schale
- beliebiges Wachs (wir verwenden Sojawachs, aber Bienenwachs ist auch sehr fein)
- ätherische Öle nach Wahl (optional)

1. Zunächst muss festgelegt werden, wie viele Dochte für die verwendete Schale benötigt werden (siehe Seite 22). Unsere Dochte waren für ein Kerzenglas mit einem Durchmesser von 10 cm gedacht. Da unsere Schale einen Durchmesser von 30 cm hat, würden in die Schale in jede Richtung drei Dochte passen, sicherheitshalber verwenden wir insgesamt fünf Dochte, die gleichmäßig über die Schale verteilt werden.
2. Stehen Zahl und Position der Dochte fest, werden sie mit einem Klecks Heißkleber am Boden der Schale fixiert.
3. Die Lineale oder Pappstreifen über die Schale neben die Dochten legen, sodass man die Dochte aufrecht mit Klammern fixieren kann, die auf dem Lineal oder der Pappe aufliegen.
4. Wer ätherische Öle verwendet, sollte das Wachs wiegen, um die Menge des Öls zu bestimmen (siehe Seite 49). Das Wachs auf die erforderliche Temperatur schmelzen (siehe Tabelle auf Seite 21). Das ätherische Öl in das leicht abgekühlte Wachs geben und mit einem Löffel gut verrühren.
5. Das Wachs in eine Kanne umfüllen und in die Schale gießen. Vor dem Kürzen der Dochte das Wachs durchhärten lassen.

Shape of Water

WASSERKERZEN

Das Ergebnis dieses Projekts ist eigentlich weniger Kerze als vielmehr ein bildhauerisches Kunstwerk. Das Ganze macht enorm viel Spaß und führt zu den erstaunlichsten und unterschiedlichsten Ergebnissen. Es ist überraschend einfach und es braucht nicht viele Dinge dazu, denn als Basis dient eine Tafelkerze. Aufmerksamkeit erfordert es allerdings schon, denn du wirst heißes Wachs in unmittelbarer Nähe der Hände gießen.

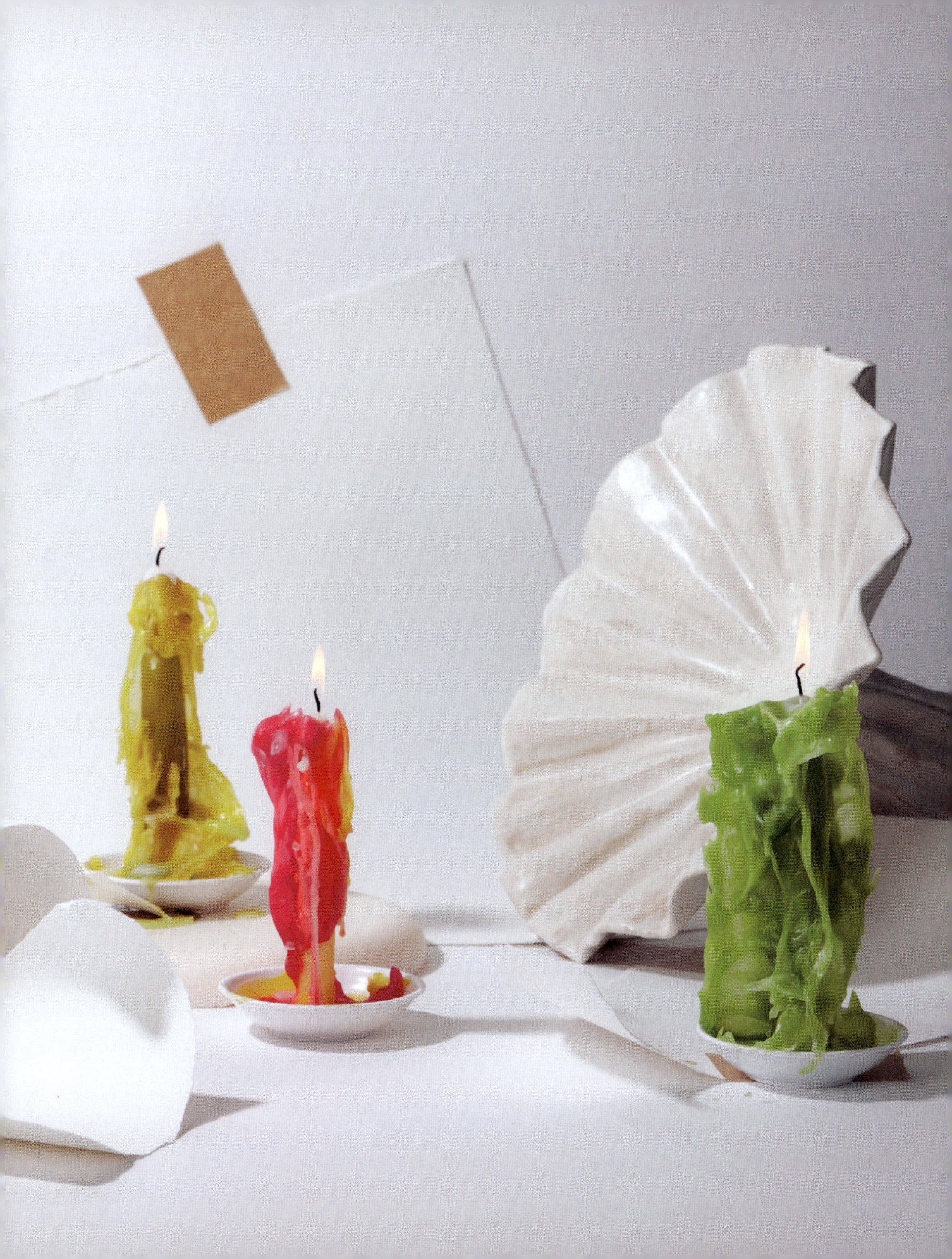

Die Kerze herstellen

BENÖTIGTES MATERIAL

- beliebiges Wachs
- Wachsfarben nach Wahl (optional)
- Teller mit Rand, um die Kerze zu fixieren (oder den Deckel eines Einmachglases)
- Tafelkerze

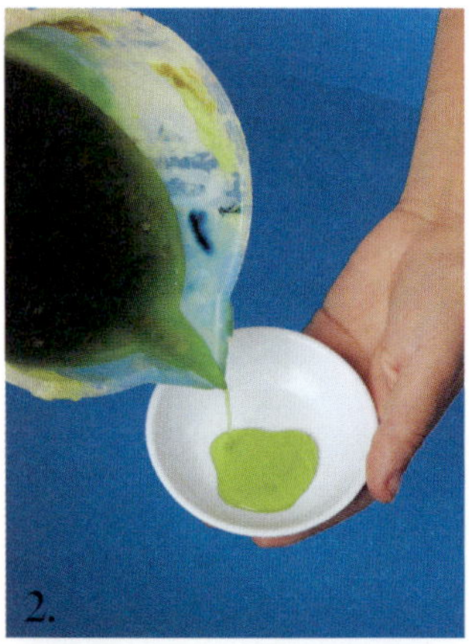

2.

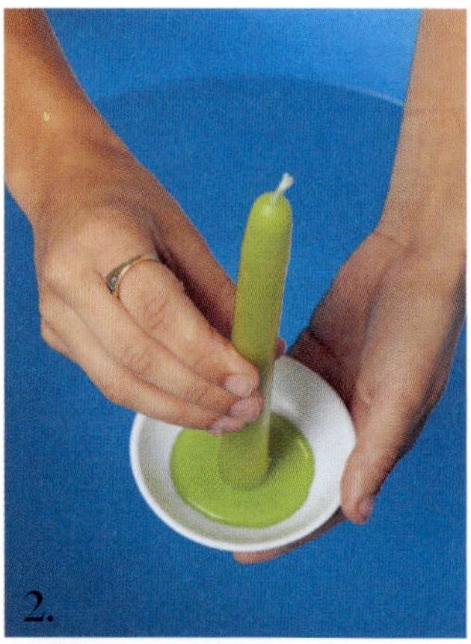

2.

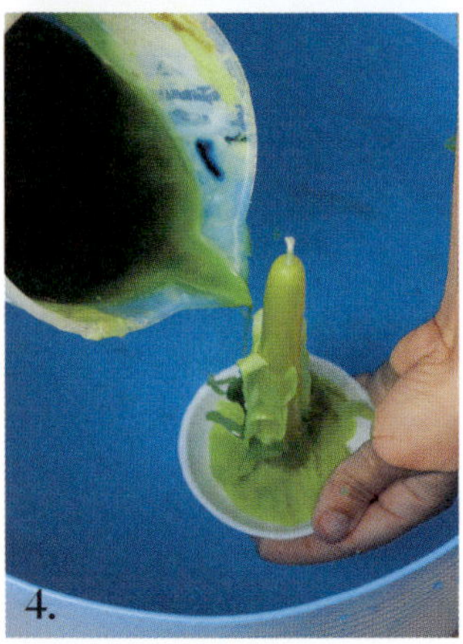

4.

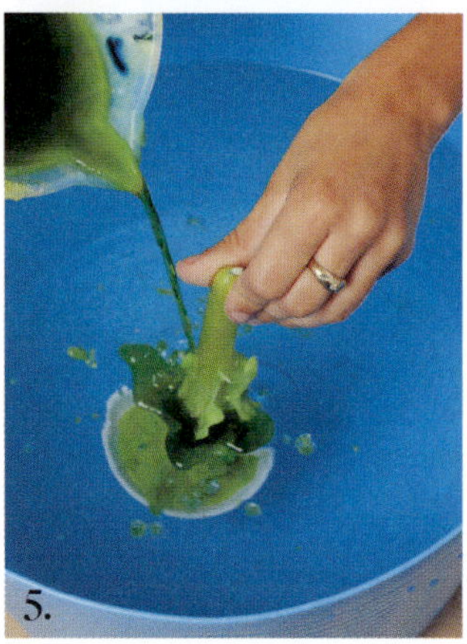

5.

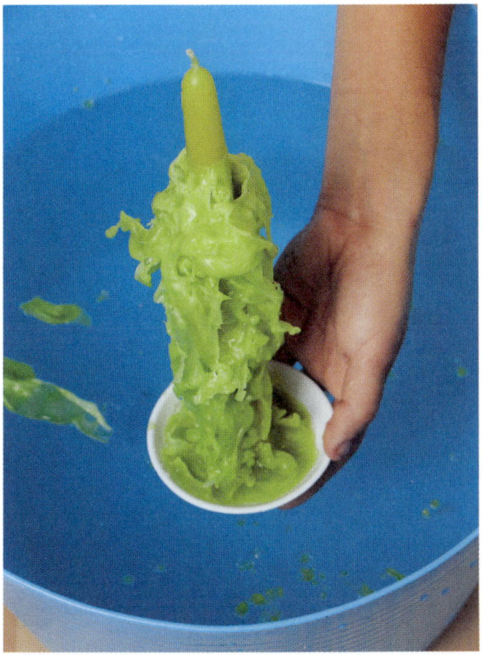

1. Einen großen Eimer mit kaltem Wasser füllen (hoch genug, dass die Kerze eingetaucht werden kann).
2. Etwas Wachs (etwa 1/2 l) nach den Angaben auf Seite 21 schmelzen. Etwas Farbe zugeben, wenn die Kerze eingefärbt werden soll, und gut mischen.
3. Das Wachs in eine Kanne gießen und etwas Wachs auf den Teller gießen.
4. Die Basis der Kerze in das Wachs drücken, dann den Teller mit der Kerze in den Wassereimer tauchen, damit das Wachs kalt und fest wird und so die Kerze fixiert ist. So oft Wachs um die Kerze herum gießen und den Teller mit Kerze ins Wasser tauchen, bis die Kerze fest mit dem Teller verbunden ist.
5. Den Teller über dem Wassereimer in der Hand halten. Nun vorsichtig etwas Wachs auf den Teller gießen, bis dieser fast überläuft. Dann langsam den Teller in das Wasser tauchen, bis zu sehen ist, wie das Wachs in bizarren Formen fest wird.
6. Mit dem Teller im Wasser weiter Wachs zugießen, und zwar so nahe an der Kerze wie möglich, sodass das Wachs beim Gießen an der Kerze haftet. Die Kerze nach und nach immer tiefer eintauchen. Dabei behutsam den Teller auf und ab bewegen, um unterschiedliche Effekte zu erzielen, bis dir das Ergebnis gefällt. Du kannst die Kerze mit dem Teller aufstellen oder sie als frei stehende Kerze verwenden.

Kerzenschwarm

MULTI-KERZEN-TAFELSCHMUCK

Dies ist die Mutter aller Kerzen, ein Projekt mit unendlichen Möglichkeiten. Für uns ist der Moment für dieses Kerzenprojekt immer dann gekommen, wenn wir viele verschiedene Kerzen übrig haben – oft solche mit lustigen Macken oder Flecken darauf –, die sich wunderbar zu einem imposanten Tischschmuck verarbeiten lassen. Falls du keine Kerzen herumliegen hast, auch gut. Dann bereite einfach mit Gießformen einige Kerzen in unterschiedlichen Höhen vor. Du kannst natürlich auch Kerzen kaufen – wichtig ist jedoch, dass sie alle aus demselben Wachs bestehen.

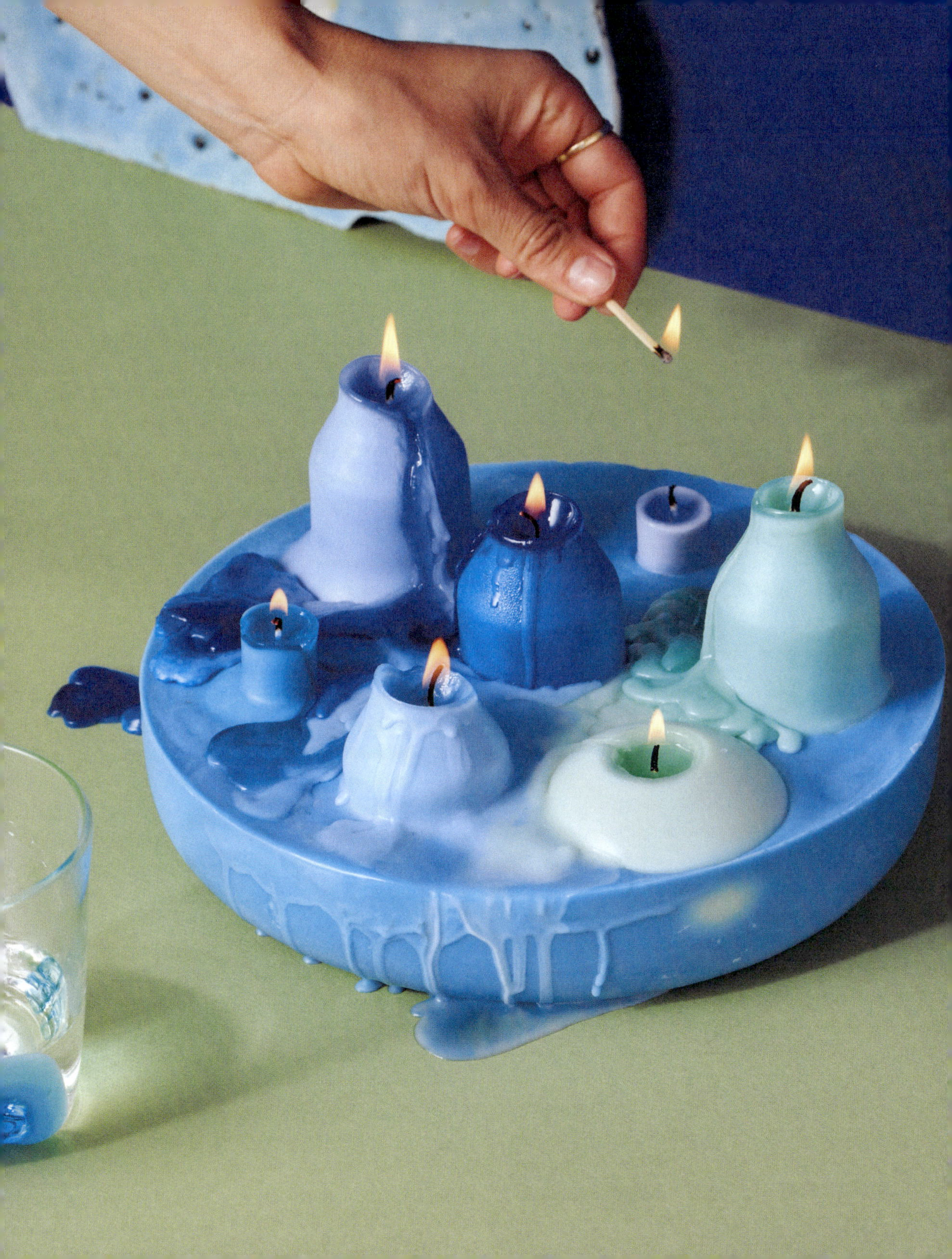

Die Kerze herstellen

BENÖTIGTES MATERIAL

- fünf oder mehr Kerzen in unterschiedlichen Höhen, alle aus einer Wachssorte
- Wachs (am besten dieselbe Wachssorte wie die der zu verwendenden Kerzen)
- Wachsfarben nach Wahl (optional)

1. Die Kerzen in einer großen hitzebeständigen Schale oder in einem Topf arrangieren, die höheren Kerzen in die Mitte, die niedrigeren außen herum.
2. Das Wachs auf die erforderliche Temperatur schmelzen (siehe Seite 21) und gut mischen. Nach Belieben Wachsfarbe untermischen.
3. Das Wachs in eine Kanne gießen und behutsam rings um die Kerzen in die Schale gießen. Dabei sollte das Wachs möglichst von einer Stelle aus gegossen werden und am besten sehr langsam, da das heiße Wachs die kleineren Kerzen leicht anschmelzen lassen könnte.
4. Das Arrangement vier Stunden durchhärten lassen. Die Kerze aus dem Topf oder der Schale nehmen und fertig ist das Prachtstück!

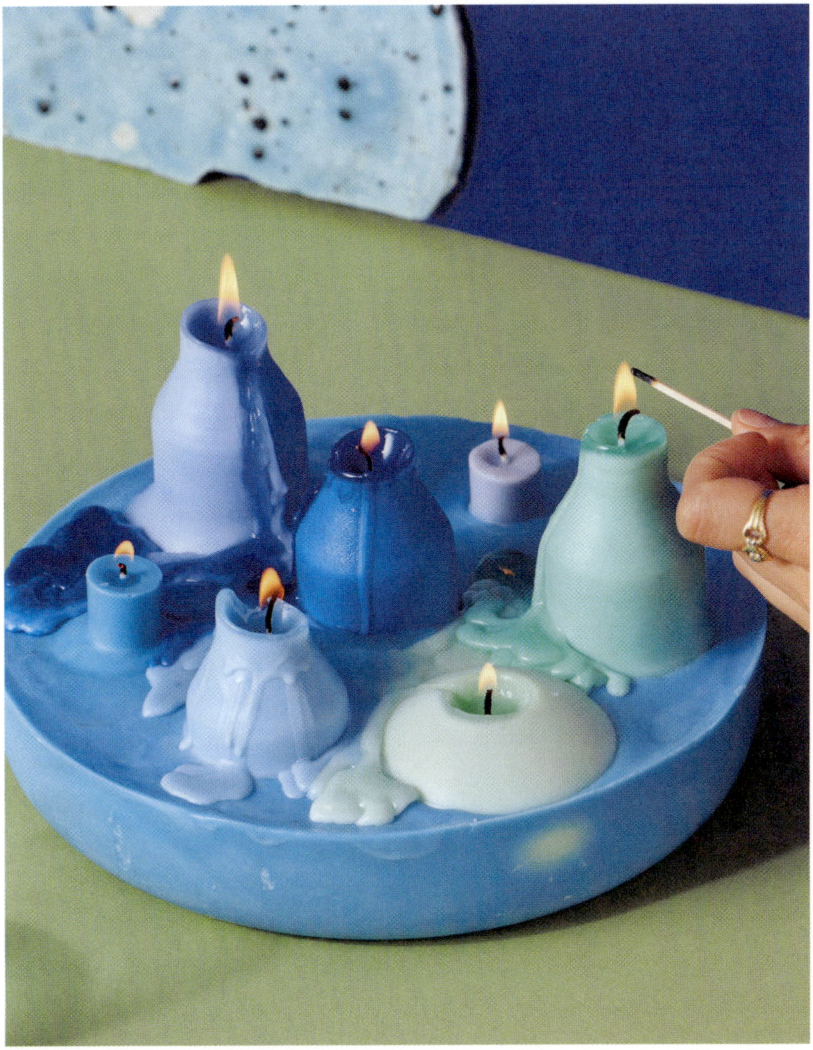

TEIL 3

Jetzt ist Styling angesagt

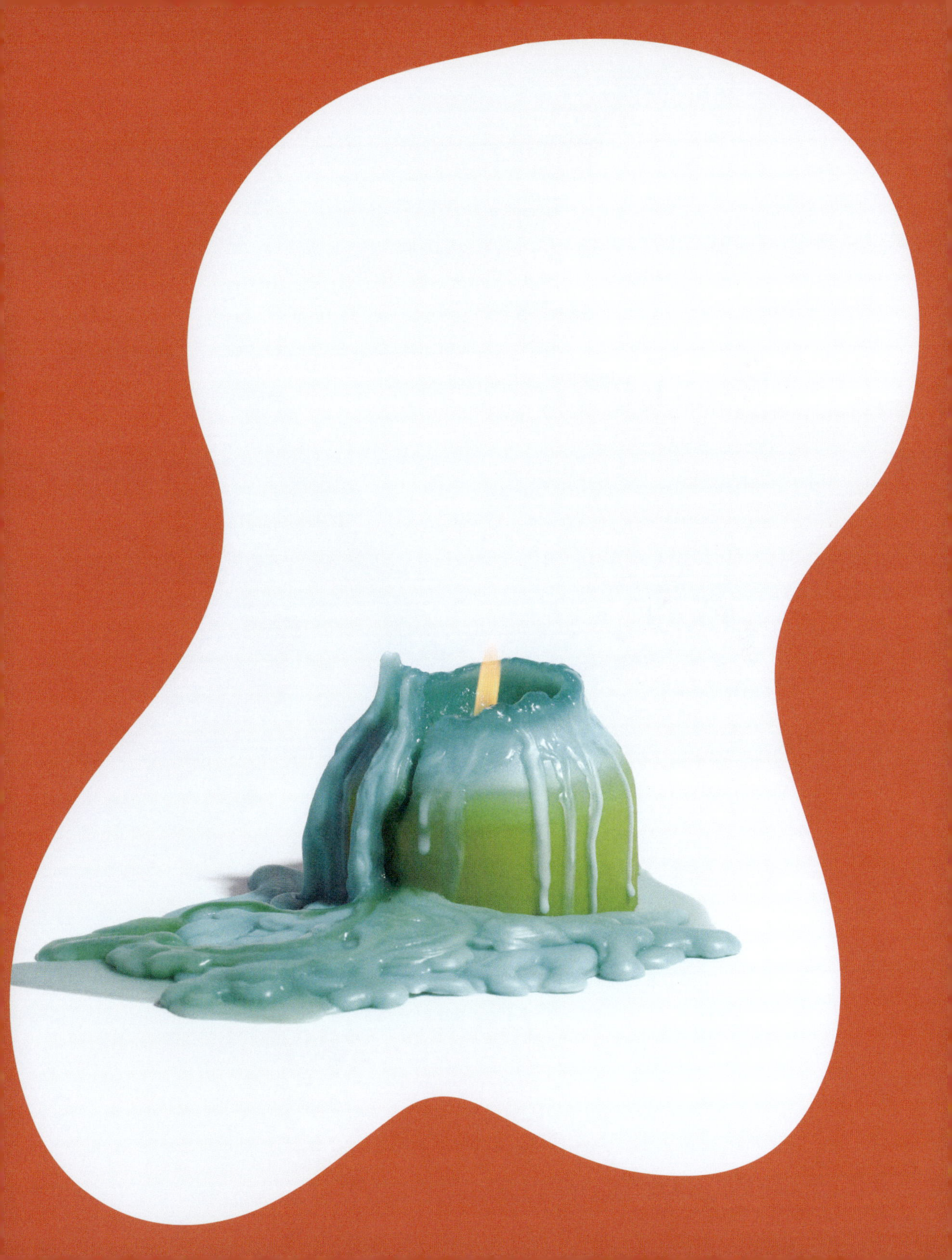

Das Beste an selbst gemachten Kerzen, insbesondere bei gegossenen Kerzen, ist, dass sie kleine Kunstwerke sind. Es sind Skulpturen, die man in jeder beliebigen Form und in jeder beliebigen Farbe herstellen kann, und das für wenig Geld. Das Haus zu schmücken und deine zukünftige Kerzensammlung ansprechend zu arrangieren, wird sich rasch zu einem eigenen neuen Projekt entwickeln, das einfach Spaß macht.

Wir waren immer sehr stolz auf unser Zuhause, das wir über die Jahre zusammen gestaltet haben. Es ist gefüllt mit einer Mischung unterschiedlichster Vintage-Stücke, moderner Werke hiesiger Künstler und Mitbringsel unserer Überseereisen. Wir verbringen viel Zeit mit dem Stöbern in unseren bevorzugten Secondhand-Shops und auf Hofflohmärkten, und das spiegelt sich natürlich in unserem Haus wider. Wir finden es wunderbar, welchen Anteil Kerzen – und Kerzenständer – zu all dem beitragen.

GRUPPIEREN

Beim Arrangieren der Kerzen geht es darum, die richtige Balance zu finden zwischen Dingen, die für sich ein Blickfang sind, oder aber genau Stücke zusammenzubringen, die sich gegenseitig erstrahlen lassen. Kerzen auf einem Regal, einem Kaminsims oder einem Couchtisch anzuordnen und zu dekorieren, strahlt eine starke Ästhetik aus. Es kann wirklich sehr gut aussehen, drei Kerzen von unterschiedlicher Höhe, Form und Größe zusammen mit anderen Schmuckstücken, Blumen, Kunstobjekten oder Büchern zu arrangieren. Die Farben können eher zurückhaltend oder aber knallig sein, du kannst auch drei ganz unterschiedliche Farben aussuchen und in deinem Heim richtige Hingucker erzeugen.

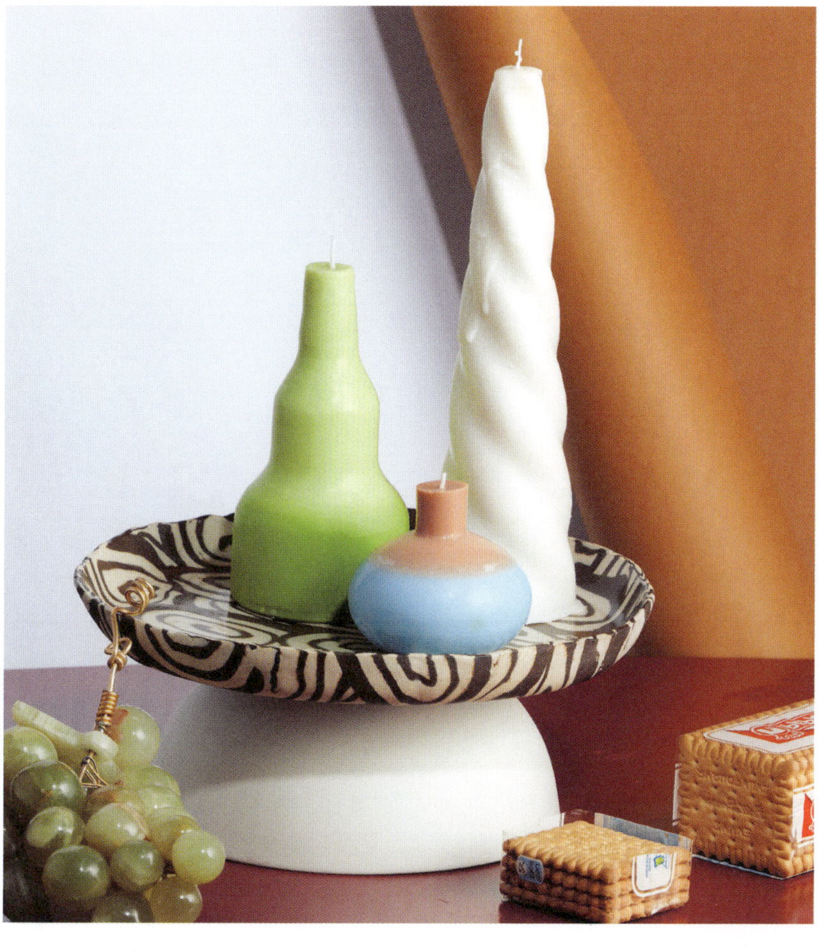

DER DUFT DER KERZEN

Duftkerzen sind ideal für das Schlafzimmer, denn sie schaffen eine beruhigende Umgebung, um zu entspannen. Wunderbar sind sie auch im Badezimmer mit einem Strauß Blumen über der Toilette oder neben der Badewanne. Citronella-Kerzen machen sich wunderbar auf einem Gartentisch und sind in lauen Sommernächten eine gute Hilfe bei der Mückenabwehr. Sie geben ein sanftes Licht ab und tragen auf dem Balkon oder im Garten garantiert zu einer besonderen Atmosphäre bei.

KREATIV MIT KERZEN

Du kannst alle möglichen Arten auszuprobieren, eine Kerze zu dekorieren, selbst wenn sie schon fertig ist. Du kannst beispielsweise Wachs darüber tropfen lassen oder sie für besondere Effekte nochmals in Wachs eintauchen. Einfach auf eine abgebrannte Sojakerze eine neue setzen und abbrennen kann vielleicht ein Meisterstück von Kerze entstehen lassen.

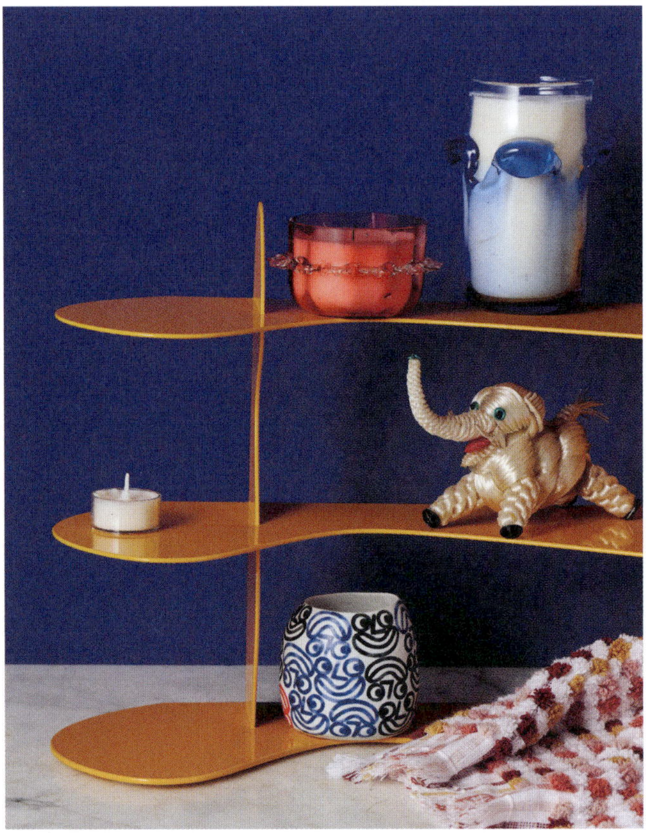

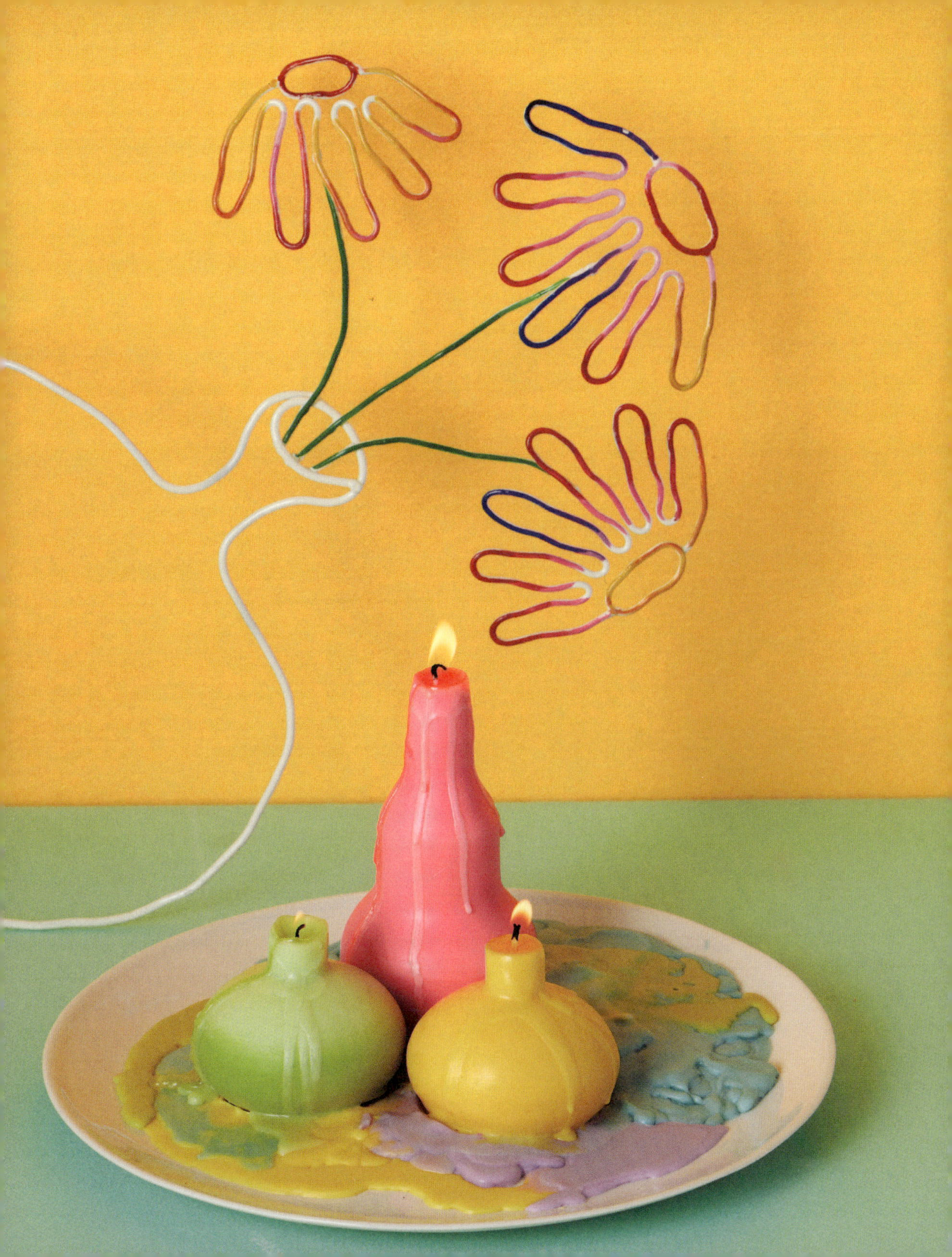

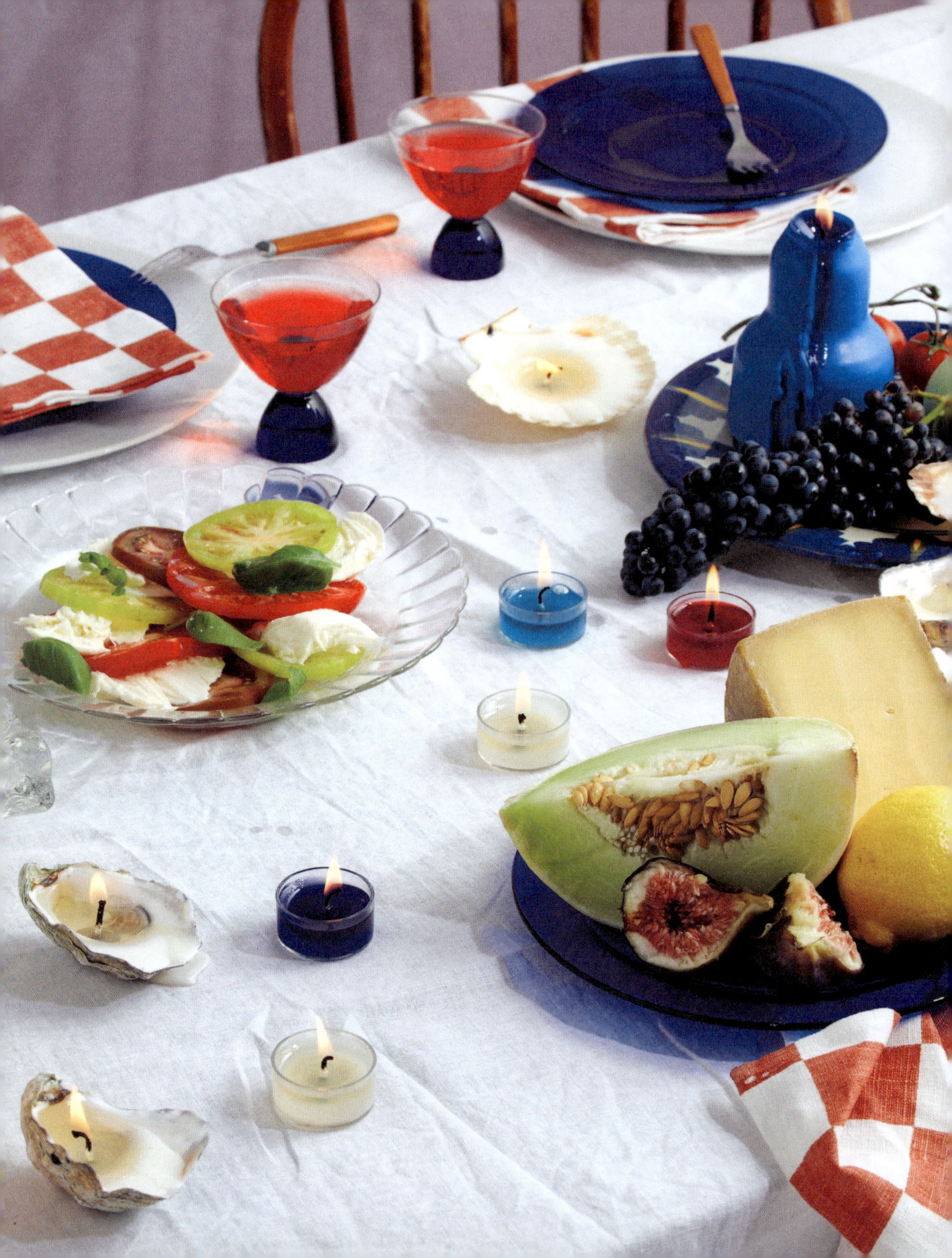

TISCHLEIN DECK DICH

Wir kommen beide aus Familien, in denen das Ritual, sich zusammen an einen Tisch zu setzen, um gemeinsam zu essen, immer eine große Rolle gespielt hat. Unsere Familien würden niemals vor dem Fernseher essen oder auf der Couch. Die Tischdecke wird herausgeholt (die gute, falls Gäste kommen), Teller und Besteck aufgelegt. Es geht nicht nur darum, eben schnell ein paar Sachen aus dem Schrank zu holen, und es macht uns zunehmend mehr Freude, dazu Blumen zu pflücken, passendes Geschirr auszuwählen und Kerzen anzünden.

Wird der Tisch für eine kleine Runde gedeckt, verwenden wir gern unsere Kerzenständer und -leuchter. Das schafft eine gemütliche Stimmung, bei der man sich gut unterhalten kann. Wir empfehlen, in der Mitte des Tischs zwei oder drei lange Kerzen aufzustellen. Stehen mehr Kerzen auf dem Tisch, wird es schwieriger, sich über sie hinweg zu unterhalten.

Wird der Tisch für größere Anlässe wie Feste vorbereitet, geben wir eher niedrigeren Arrangements auf dem Tisch den Vorzug. In Gläsern aufgestellte Teelichter oder Muschelkerzen sind in solchen Fällen ideal, insbesondere, wenn man draußen feiert, weil die Kerzen dann vor Zugluft geschützt sind.

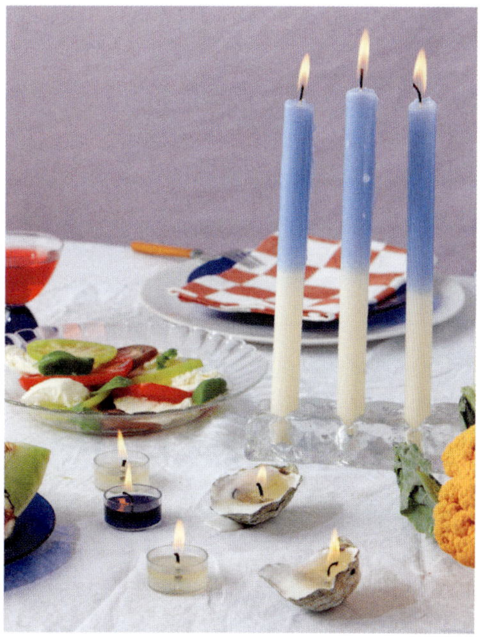

KERZENHALTER

Wir haben eine riesige Sammlung von Kerzenhaltern zu Hause, die wir irgendwo gefunden oder gekauft haben. Diese tollen Vintage-Funde kombinieren wir gern mit modernen Kerzenständern. Bei der Suche nach dem perfekten Kerzenhalter kommt es weniger auf die Farbe als auf die Form an, denn viele Kerzenhalter kann man ganz einfach mit Sprühlack umfärben oder auch abschleifen, um den gesamten Look zu ändern.

Wenn du Kerzenhalter für einzelne Kerzen magst, kannst du gut verschiedene davon kombinieren, das erzeugt einen tollen vielseiten Look, vor allem wenn sie in großer Zahl in unterschiedlichen Formen und Größen auf dem Esstisch stehen, zusammen mit Tellern und Tassen, die nicht zu einem einheitlichen Service gehören. Bist du eher ein Minimalist, besorge dir weißes, schwarzes oder graues Farbspray und gestalte deine Kerzenhalter einfarbig aufeinander abgestimmt.

Eine italienische Karaffe lässt sich perfekt zu einem Kerzenhalter upcyceln. Oder besorge dir dafür im Laden eine dieser kleinen, schweren Flaschen mit Wein oder Öl und du hast für dich und deinen Liebling alles, um die Spaghetti-Szene von *Susi und Strolch* nachzustellen.

Aber was könnte schöner sein, als selbst gemachte Kerzen auch in einem selbst gemachten Kerzenhalter zu präsentieren? Wir stellen dir auf den nächsten Seiten ein paar Projekte dazu vor.

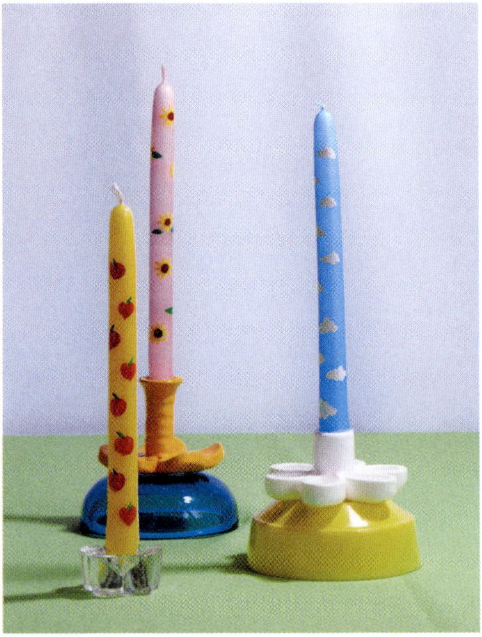

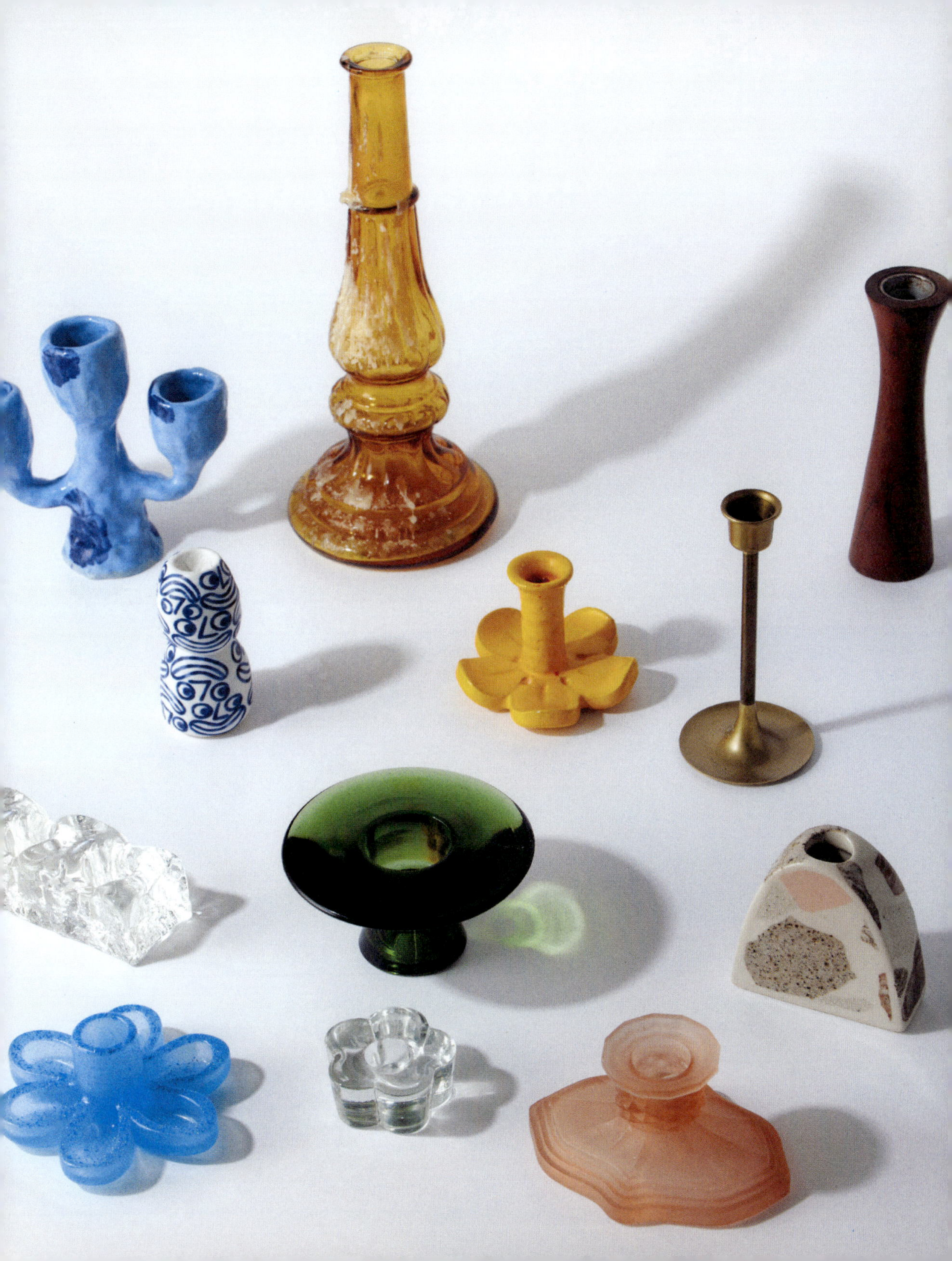

Schönheit liegt im Auge des Betrachters

KERZENHALTER AUS TON

Bei all den schönen neuen Kerzen braucht man natürlich auch etwas, worin man sie aufstellen kann. Mit Ton zu arbeiten ist eine wirklich meditative Angelegeheit – eine wunderbare Übung, sich Zeit für sich selbst zu nehmen und etwas mit den Händen zu schaffen. Das Schöne an Ton ist, du kannst ihn beliebig formen und dann genau an deine Tafelkerzen anpassen, indem du einen Abdruck von ihnen im Ton machst.

Plastilin, lufttrocknender Ton und Fimo sind sehr einfach zu verarbeiten und perfekt für zu Hause. Sie müssen nicht im Brennofen gebrannt werden, sondern trocknen im Backofen oder einfach an der Luft! Alternativ kannst du Polymer-Ton verwenden, der im Backofen gebrannt werden kann.

Du solltest all diese Beispiele und Ideen immer nur als Anregung betrachten! Deine Kreativität kann sich hier nach Lust und Laune austoben! Ob Spitzen, Spiralen, Kringel oder sonstiges Dekor – alles ist erlaubt, wichtig ist nur, dass die Kerzenhalter stabil stehen und der Kerze genug Halt bieten, um aufrecht stehen zu können.

Einmal getrocknet können die Kerzenhalter dann nach Lust und Laune bemalt werden. Dazu eignet sich jede beliebige Acrylfarbe, und wenn man der Farbe vor dem Auftragen etwas Backnatron zugibt, bekommt man eine tolle rustikale Keramiktextur, ohne mit Glasuren arbeiten zu müssen.

BENÖTIGTES MATERIAL

- lufttrocknender Ton
- Tafelkerze
- Backpapier
- Öl-Trennspray

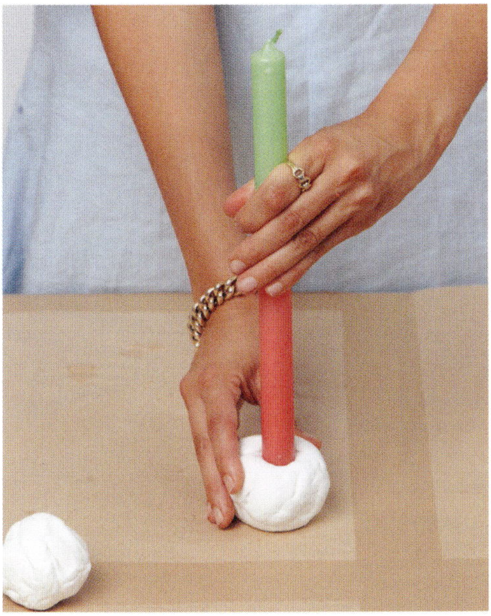

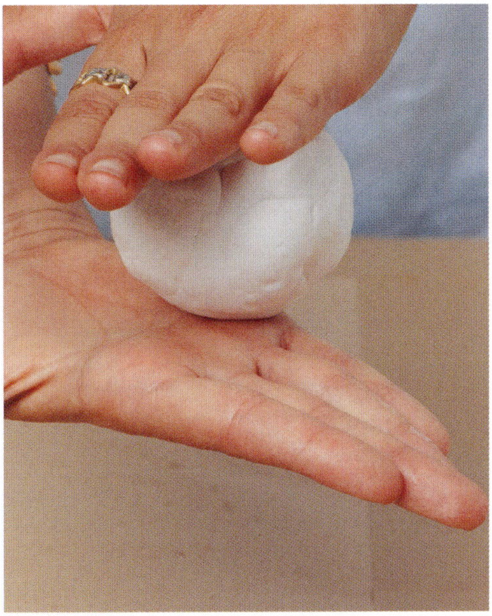

TIPPS FÜR DIE ARBEIT MIT LUFTTROCKNENDEM TON

≈ **Arbeitsplatz vorbereiten –** mit Ton auf einem Schneidebrett oder einem Teller arbeiten.

≈ **Lufttrocknenden Ton durch Kneten anwärmen,** so wird er geschmeidiger und lässt sich besser verarbeiten.

≈ **Mit angefeuchteten Fingern lässt sich der fertige Kerzenhalter glätten,** aber nicht zu viel Wasser verwenden, da sonst Risse entstehen können.

≈ **Damit der Kerzenhalter stabil und standfest ist, sollte er nicht zu filigran geformt werden.**

≈ **Abschmirgeln für ein schönes Finish.**

≈ Dabei verschwinden eventuelle Fingerabdrücke oder sonstiges. Am besten trägst du währenddessen eine Maske, um den dabei entstehenden Tonstaub nicht einzuatmen.

≈ **Übrig gebliebenen Ton in einem luftdichten Zip-Lock-Beutel aufbewahren.**

Honigtöpfchen

EINFACHER KUGEL-KERZENHALTER

Am besten machst du gleich zwei dieser Kerzenhalter für beide Enden vom Esstisch. Abgebildet sind diese Halter auf den Seiten 96 und 135.

1. Eine kleine Menge Ton, ungefähr in der Größe eines Tischtennisballs, etwa eine Minute kneten, bis er weich ist, dann zu einer Kugel formen.
2. Die Kugel auf eine flache Oberfläche legen und mit der Unterseite einer Tafelkerze eine etwa 2–3 cm tiefe Mulde in die Kugel drücken – so tief, dass die Kerze aufrecht gehalten wird. Nebenbei wird so auch die Unterseite der Kugel flach gedrückt, sodass sie auf gerader Fläche stehen kann.
3. Die Kerze herausnehmen und den Ton wie angegeben trocknen lassen, am besten auf Backpapier, das mit Öl-Trennspray gefettet ist.

Aus mehreren Kugeln übereinander entsteht ein höherer Kerzenständer. Dazu die Oberfläche der Kugeln an ihren Verbindungsstellen mit einem Messer kreuzweise einritzen. Aus etwas Wasser und Ton in gleichen Teilen eine Art Kleber rühren und damit die Kugeln verbinden. Wichtig: Die Kerze muss in die oberste Kugel gedrückt werden, bevor die Kugeln zusammengefügt werden, sonst wird der ganze Aufbau zerquetscht.

Homer Simpson lässt grüßen

DONUT-KERZENHALTER

Diesen Kerzenständer kann man gut so gestalten, dass gleich mehrere Kerzen hineinpassen. Die hier angegebenen Schritte beziehen sich auf einen Ring für drei Kerzen wie auf Seite 18 abgebildet. Wichtig ist, dass die Mulden für die Kerzen gleichmäßig verteilt sind, damit die Kerzen stabil stehen und gleichmäßig abbrennen.

1. Eine kleine Menge Ton, ungefähr in der Größe eines Tennisballs, etwa eine Minute kneten, bis er weich ist, dann zu einer Kugel formen.
2. Zwischen den Handflächen nun die Kugel zu einer etwa 4 cm dicken Wurst ausrollen, die überall möglichst gleichmäßig dick und am Ende 15–20 cm lang ist.
3. Beide Enden glatt abschneiden und mit einem scharfen Messer kreuzförmig leicht einritzen. Die Enden mit etwas Wasser betupfen, dann zusammendrücken und die Nahtstelle mit den Fingerspitzen glatt streichen.
4. Mit einer handelsüblichen Tafelkerze nun in gleichmäßigen Abständen drei etwa 2–3 cm tiefe Mulden in den Donut drücken.
5. Den Ton nach Herstellerangaben trocknen lassen, am besten auf Backpapier, das mit Öl-Trennspray gefettet ist.

Upside down

KERZENHALTER IN U-FORM

Dieser u-förmige Mini-Kerzenleuchter setzt deine Kerzen schön in Szene (Foto Seite 79).

1. Eine kleine Menge Ton, ungefähr in der Größe eines Tennisballs, etwa eine Minute kneten, bis er weich ist, dann zu einer Kugel formen.
2. Zwischen den Handflächen nun die Kugel zu einer etwa 4 cm dicken Wurst ausrollen, die überall möglichst gleichmäßig dick und am Ende 15–20 cm lang ist.
3. Die Ton-Wurst zu einem »U« formen und den gebogenen Teil vorsichtig auf der Arbeitsfläche flach drücken, damit der Kerzenhalter sicher steht.
4. Nun die Tafelkerze vorsichtig in die beiden Enden des Kerzenhalters drücken, sodass zwei etwa 2–3 cm tiefe Mulden entstehen.
5. Den Ton nach Herstellerangaben trocknen lassen, am besten auf Backpapier, das mit Öl-Trennspray gefettet ist.

Überlaufschutz

KERZENTELLER

Wenn du schon ein Projekt aus Sojawachs gemacht hast, wirst du selbst erlebt haben, dass dieses Wachs auf eine besondere, an fließende Lava erinnernde Weise schmilzt – das ist schön, kann allerdings auch unerwünschte Effekte nach sich ziehen. Daher hier ein Vorschlag für eine einfache Schale, um die Oberflächen vor dem Sojawachs zu schützen (Foto Seite 18).

1. Eine kleine Menge Ton, ungefähr in der Größe eines Tennisballs, etwa eine Minute kneten, bis er weich ist, dann zu einer Kugel formen.
2. Mit einem Einmachglas oder einer Teigrolle den Ton zu einer flachen runden Scheibe ausrollen. Man kann die Scheibe aber auch in eine beliebige Form schneiden (vorab am besten die Zahl der Kerzen und den Standort überlegen). Am Rand der Form etwas zusätzlichen Platz einplanen, sodass man den Ton seitlich leicht hochziehen kann.
3. Den Rand nun mit den Fingern leicht nach oben biegen als Überlaufschutz, sodass kein Wachs auf die Möbel fließt.
4. Wenn die Form des Kerzentellers deiner Vorstellung entspricht, kann er wie angegeben auf mit Öl-Trennspray gefettetem Backpapier getrocknet werden.

Schönes aus Gips

KERZENHALTER

Wenn du dich mit lufttrocknendem Ton nicht so ganz anfreunden kannst, dann ist vielleicht Gips eher dein Ding! Es macht Spaß, mit Gips zu arbeiten – man kann größere und abenteuerlustigere Dinge formen. Hier dient ein einfacher Becher als Gießform, geeignet sind aber viele andere Dinge ebenso gut. Gips kann man sogar gut mit Farbe tönen. Kerzenständer aus Gips sind auch praktisch im Garten, da sie stabil sind und vom Wind nicht so leicht weggeweht werden.

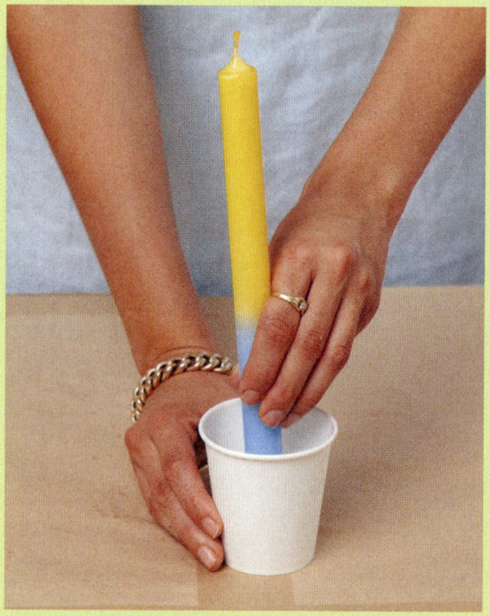

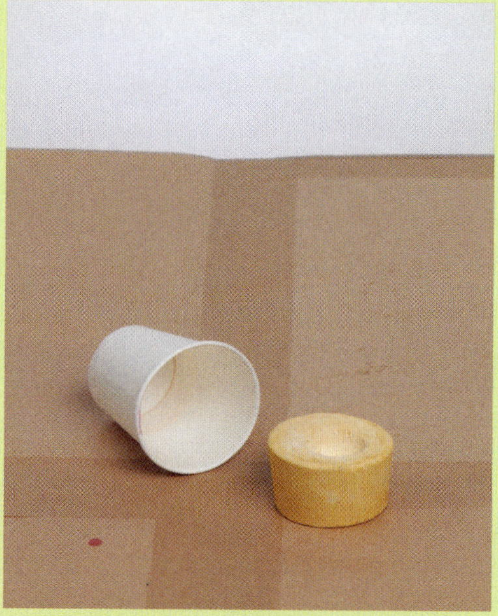

Den Kerzenhalter herstellen

BENÖTIGTES MATERIAL

- ~ Pappbecher
- ~ Vaseline
- ~ Gips
- ~ Einwegbehälter
- ~ Farbe (optional)
- ~ Tafelkerze

1. Die Arbeitsfläche mit Zeitungen oder Pappe auslegen. Mit den Fingern die Innenseite des Pappbechers mit Vaseline bestreichen, damit sich der Gips später leichter lösen lässt.
2. In einem Einwegbehälter eine kleine Menge Gips nach Packungsanweisung mit Wasser anrühren (meistens 2 Teile Gips auf 1 Teil Wasser). Langsam das Wasser zum Gips gießen und mit einem Löffel gut vermischen – nicht mit bloßen Händen. Für bunten Gips einen Tropfen Farbe unterrühren. Die Konsistenz sollte glatt und gleichmäßig und die Farbe sehr gut verteilt sein.
3. Den Gips in den vorbereiteten Pappbecher gießen bis zu der Höhe, die der Kerzenständer haben soll. Den Becher behutsam auf den Tisch klopfen, um vorhandene Luftblasen entweichen zu lassen.
4. Nun die Tafelkerze in den Gips drücken, sodass ein Abdruck entsteht. Etwa fünf Minuten so festhalten, bis der Gips langsam fest wird und die Kerze von allein steht. (Wer die Kerze nicht so lange halten möchte, schneidet aus einem Stück Pappe ein Loch im Durchmesser der Kerze aus. Ist der Gips eingegossen, wird die Pappe mit Klebeband außen an der Form so fixiert, dass das Loch mittig über der Öffnung liegt. Dann die Kerze durchstecken.)
5. Den Kerzenständer zum Trocknen 24 Stunden an einen sicheren Ort stellen. Auf dieselbe Weise kannst du weitere Becher füllen, bis der gesamte Gips aufgebraucht ist. Den getrockneten Gips durch leichtes Rütteln aus dem Becher nehmen und nach Belieben rundum glatt abschmirgeln.

Dank

Es liegt uns am Herzen, die »Traditional Owners« des Landes, auf dem wir arbeiten und leben, zu würdigen, die Wurundjeri, einen zu den Kulin People gehörenden Stamm. Ihren Ältesten der Vergangenheit, der Gegenwart und der Zukunft zollen wir unseren Respekt.

Wir danken unseren wunderbaren Werkstatt-Freundinnen Megan, Sisi, Alice und Katie, dass wir Chaos machen konnten und dass sie uns immer von tollen Ideen erzählt haben, während wir knietief im Wachs steckten.

Unserer wunderbaren Familie, Melissa, George, Pink, Frederika, Nino, Dom, Connie, Lisa, Gaethan, Jed und Josh, die unsere kreativen Träume immer gefördert haben.

Außerdem möchten wir all den unglaublich kreativen Frauen danken, die uns für dieses Buch ihre Arbeiten zur Verfügung gestellt haben: Lifeslice, Rittle, Trinket Solo, Kirsten Perry, Alice McIntosh, Sundborn Ceramics, Mellow, Nicole Lawrence, Tantri Mustika, Isadora Vaughan und Peacheslacreme für den Kuchen.

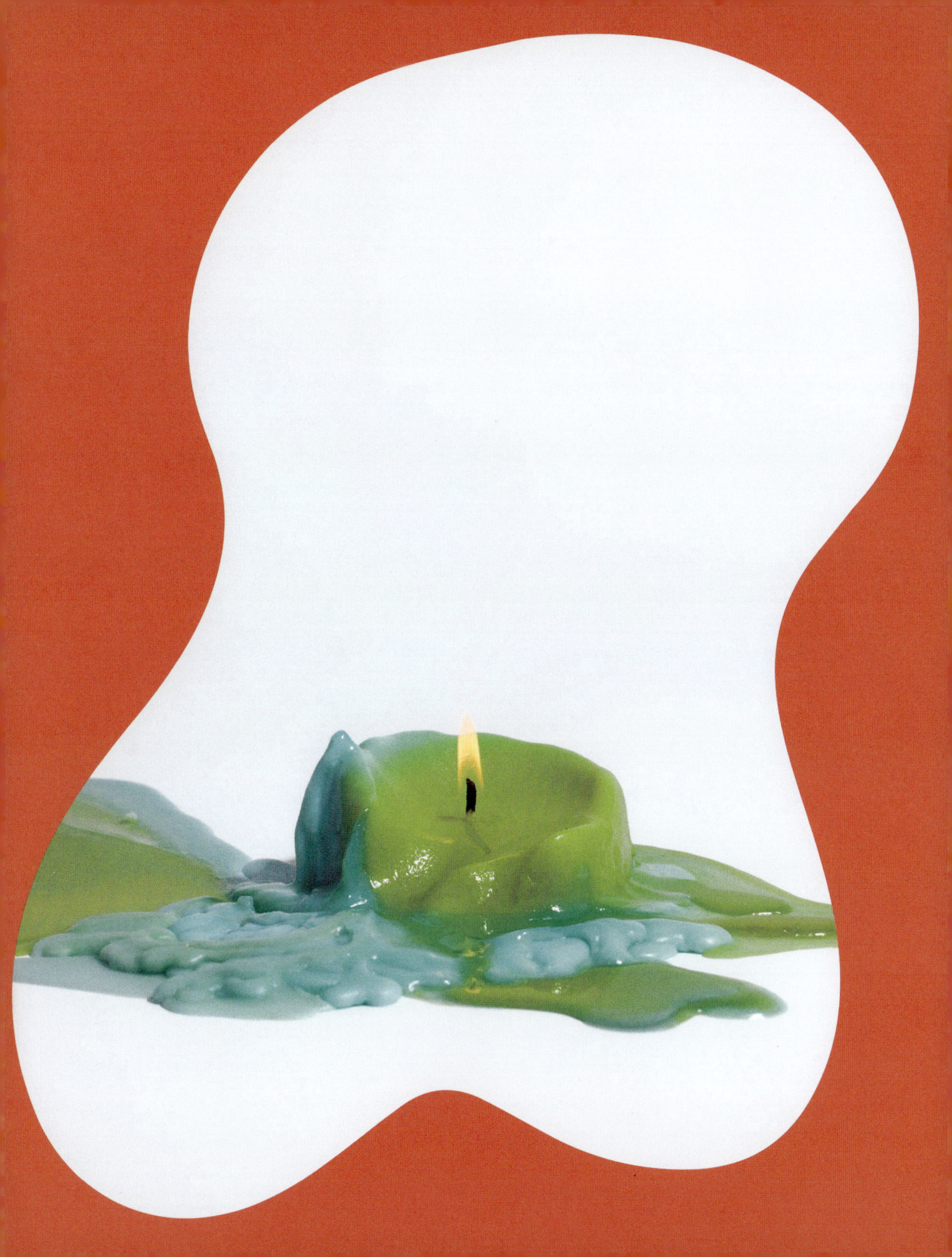

Impressum

Originalausgabe unter dem Titel *Blazed Wax* erschienen bei: Hardie Grant Books, an imprint of Hardie Grant Publishing (Melbourne: Wurundjeri Country, Building 1, 658 Church Street, Richmond, Victoria 3121; London: 5th & 6th Floors, 52–54 Southwark Street, London SE1 1UN)

Editor: Emily Hart, Megan Arkinstall
Design: Kristin Thomas, George Saad
Stylist: Bridget Wald

Für die deutsche Ausgabe:
Produktmanagement: Lena Denu
Übersetzung: Claudia Theis-Passaro
Lektorat: Brigitte Schnock
Satz: satz & repro Grieb, München
Umschlaggestaltung: Ina Zimmermann
Herstellung: Kathleen Baumann
Printed in China

★★★★★

Sind Sie mit diesem Titel zufrieden? Dann würden wir uns über Ihre Weiterempfehlung freuen. Erzählen Sie es im Freundeskreis, berichten Sie Ihrem Buchhändler oder bewerten Sie bei Onlinekauf. Und wenn Sie Kritik, Korrekturen, Aktualisierungen haben, freuen wir uns über Ihre Nachricht an:
Christian Verlag, Postfach 40 02 09,
D-80702 München oder per E-Mail an
lektorat@verlagshaus.de.

Unser komplettes Programm finden Sie unter

www.christophorus-verlag.de

Die Deutsche Nationalbibliothek verzeichnet diese Publikation in der Deutschen Nationalbibliografie; detaillierte bibliografische Daten sind im Internet über www.dnb.de abrufbar.

ISBN 978-3-8388-3839-7

MIX
Papier aus verantwortungsvollen Quellen
FSC™ C020056

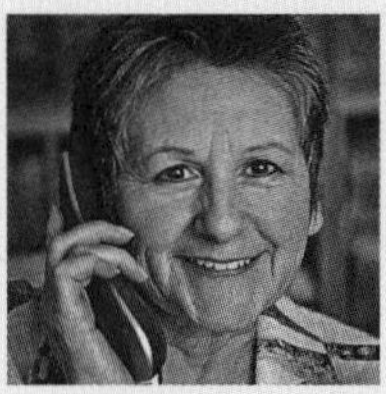

Kreativ-Service

Sie haben Fragen zu den Büchern und Materialien? Frau Erika Noll ist für Sie da und berät Sie rund um alle Kreativthemen. Rufen Sie an! Wir interessieren uns auch für Ihre eigenen Ideen und Anregungen. Sie erreichen Frau Noll per E-Mail:
kreativ-service@c-verlag.de oder Tel.: +49 (0) 89 13 06 99-577

Besuchen Sie uns im Internet: **www.christophorus-verlag.de und www.selbstgemacht.de**